송광매원 서명선의
귀농 경영

국립중앙도서관 출판시도서목록(CIP)

(송광매원 서명선의) 귀농 경영 / 서명선 지음. — 서울 : 지식공간
, 2010
    p. ;   cm

ISBN 978-89-963482-6-9 03320 : ₩14000

농업 경영[農業經營]
귀농[歸農]

522.8-KDC5
630.68-DDC21   CIP2010004089

송광매원 서명선의

귀농 경영

평범한 직장인은 어떻게 30억 매출의 농부가 되었나

서명선 지음

지식
공간

혼자서는 갈 수 없는 길

"식중독 예방 효과가 탁월한 매실 장아찌를 만들자."

멀쩡히 다니던 신문사를 그만두고 일식당 프랜차이즈를 운영하던 저는 엉뚱한 발상으로 매실 재배에 뛰어들었습니다. 그렇게 귀농한 지 벌써 10여 년이 흘렀습니다.

그 짧은 기간 저는 연매출 30억의 농기업을 일구며 성공한 귀농인으로 업계에 알려졌습니다. 농림부 신지식인 144호에 꼽히기도 했고, 2010년 11월 제15회 농업인의 날에는 산업포장을 받기도 했습니다. 현재는 매실 사업 외에도 자소를 이용한 아토피 개선 물질을 개발하고 있으며, 낙동강 강변에 관광단지를 조성하는 사업도 추진하고 있습니다.

새끼 병아리 한 마리를 길러서 송아지를 샀다는 전래 동화의 부자 이야기처럼 저는 매실 장아찌 하나로 시작하여 매실·자소 재배부터 가공, 농촌관광까지 다양한 영역으로 사업을 확장했습니다. 요컨대 혼자 하는 사업이 맞는지 의아할 만큼 많은 일을 벌이고 있습니다.

그러나 저 혼자 이룩한 일은 없습니다.

일본인 친구의 도움으로 매실과 자소의 효능에 눈을 뜨게 되었습니다.

농사의 '농' 자도 모르는 제가 귀농을 한다니까 주위 분들이 찾아와서 축제를 열어주고 아이디어를 제공해 주었습니다.

추위에 강한 매실을 찾다가 권병탁 박사님을 만나 토종 매실을 재배하는 행운을 얻었습니다.

누워서 떡 먹기라는 매실청도 못 만들어서 식품가공학과 교수님들을 찾아다니며 무릎 꿇고 배웠습니다.

국내에서는 비법을 아는 사람이 없을 만큼 만들기 어려운 매실식초의 제조 방법을 식초업체 사장님에게 전수받았습니다.

공장 지을 돈이 없어 단속반을 피해 도망쳤던 제가 관련 공직자들의 주선으로 공장 건립의 뜻을 이루었습니다.

자소가 아토피에 좋다는 것만 알았지 자금과 기술이 없어 쩔쩔맬 때 경북대 교수님을 만나 아토피 개선 물질을 개발했습니다.

기술, 자금, 아이디어 모두 남의 도움을 받으며 이 자리에 이르렀습니다.

모든 것이 모자랐던 제게는 딱 한 가지가 있었습니다. 농업을 일으켜보자는 신념입니다.

우메보시를 만들겠다던 제 꿈은 사람들을 만나면서 무럭무럭 자랐습니다. 그리고 언제부터인지 더 이상 매실을 기르고, 가공품을 만들고, 자소에서 아토피 개선 물질을 추출하는 일에 집착하지 않게 되었습니다. 대신 우리 모두 함께 갈 수 있는 길은 무엇인지 고민하게 되었습니다. 그게 저를 도와주신 분들에 대한 보답이 아닌가 싶었습니다.

저는 기꺼이 한 올의 실이 되기로 마음먹었습니다. 산산이 흩어져 있는 농업 자원을 하나로 꿸 수 있는 사람이 필요하다고 생각했습니다.

오늘날 농촌에 사람이 필요합니다.
오늘날 농촌에 자금이 필요합니다.

오늘날 농촌에 기술이 필요합니다.

그러나 저는 무엇보다 사람과 돈과 기술을 한데 묶을 수 있는 경영이 필요하다고 생각합니다. 기업 경영자는 다채롭고 다양한 재원을 하나의 사업 목표에 맞게 협력하도록 만드는 사람입니다. 마찬가지로 오늘날 농촌에는 능력 있고 참신한 CEO가 필요합니다. 저는 그 사람에게 농촌의 미래가 달려 있다고 생각합니다.

"당신은 왜 마을을 위해 그렇게 열심히 일하느냐?"
종종 사람들은 제게 묻습니다. 왜 마을 지원 사업에 그렇게 심혈을 기울이느냐, 그 시간 있으면 당신의 개인 사업, 즉 매실 사업에 충실해야 하지 않느냐는 질문입니다.
물론 저 역시 나 자신을 위해 일했던 시기가 있었습니다. 그러나 농업은 혼자서 할 수 있는 일이 아님을 깨닫기까지 그리 오랜 시일이 걸리지 않았습니다. 혼자 가느니 안 가는 것이 나은 것이 농업임을 깨닫습니다. 저는 혼자 가는 방법을 모릅니다. 귀농을 계획하는 사람들에게도 독불장군처럼 혼자 하지 말라고 간곡히 충고합니다.

 저를 도와주신 숱한 손길이 없었다면 지금의 저는 과연 존재할
까요?
 가깝게는 귀농을 만류하던 그러나 지금은 소리 없이 응원해주는
가족부터, 나의 귀농을 은연중 부러워하면서도 크고 작은 일에 도
움을 주었던 지인들, 또한 제 뜻 하나만 보고 저를 밀어주셨던 권
병탁 박사님과 찰거머리처럼 달라붙은 제게 가공학의 세계를 열어
주신 국립대학교 교수님들, 처음에는 이 추운 곳에 매실을 심는다
며 백안시하셨으나 지금은 저의 둘도 없는 동지가 되신 마을 주민
분들, 이방인인 저에게 각종 정부 지원 사업을 친절히 알려주시고
마을에 자리 잡도록 도와주신 지자체 관계자 분들, 그리고 칠곡 너
머 경상도와 전라도에서 우리와 협력 관계를 맺고 일하시는 농업
인들, 나아가 제게 강연을 요청하시고 부족한 제 이야기에 끝까지
귀를 기울여주시는 모든 분까지 이 자리를 빌려 허리 숙여 감사드
립니다.

……그러면 이제 저는 무엇을 해야 할까요.

협력, 서로 힘을 합하고

상생, 서로를 살리고

공존, 함께 살아가는 것만이

길을 잃은 농촌의 내일을 열기 위해 지금 제가 해야 할 일이 아닐

까요.

2010년 11월

송광매원 서 명 선

CONTENTS

1장 —
낭만만으로는 귀농에 성공할 수 없다

2장 —
해보기 전에는 안 된다고 생각지 마라

7장 —

6차 산업을 향해

8장 —

귀농을 시작하려는 분에게

농부에게 왜 경영이 필요한가

한번은 비가 억수로 퍼부어 낙동강이 범람했다. 흙탕물로 변한 강물은 성난 듯이 넘실거렸다. 지금처럼 비가 지속되면 오늘 중으로 농장이 침수될지 모르는 상황이었다. 농장에는 이제 막 수확하기 시작한 매실나무들이 자라고 있었다.

농장이 상습적인 침수 지역임은 진작부터 알고 있었다. 이 땅을 내게 팔았던 전 주인도 해마다 한 차례씩 벌어지는 물난리에 속병을 앓고 있었다. 그러나 침수 문제만 빼면 포기하기에는 아까운 땅이었다. 수차례 지형 조사에 나선 끝에 비가 어지간히 내리지 않는 한 내 힘으로 막을 수 있으리라 판단하고 매입을 결정했던 것이다.

만만한 작업은 아니었다. 중장비를 동원하여 물길을 내고 제방을 쌓았지만 이것으로 치수가 가능할지 확신할 수는 없었다.

그러다 근래 들어 가장 큰 비가 내린 것이다. 벌써 이틀째 장대같은 빗줄기가 퍼붓고 있었다. 강물은 성난 파도를 일으키며 둔덕을 때렸다. 높아지는 수위를 보고 있자니 침이 꼴깍 넘어갔다. 장화 신은 발로 첨벙첨벙 뛰어다니며 제방에 허물어진 곳은 없는지 살폈다. 배수로는 이미 어디가 길이고 물인지 알 수 없을 만큼 강

14

물로 넘쳤다.

그렇게 반나절이 흘렀다. 강물은 한계 수위를 돌파하여 농장으로 흘러들기 시작했다. 한번 제방을 넘은 강물은 빠르게 유입되었다. 농장은 순식간에 아수라장이 되었다. 이대로 손을 놓고 있을 수는 없었다. 삽을 들고 물길을 파내기 시작했다. 물을 빨아들인 흙은 무거웠다.

얼마나 땅을 팠는지 모른다. 팔이 부들부들 떨렸다. 헉헉, 가쁜 숨을 토했다. 몸에서 김이 모락모락 피어올랐다. 속수무책인가 하고 고개를 드는 순간, 얼굴로 떨어지는 빗방울이 부드럽게 느껴졌다. 하늘을 치어다보니 산 너머 구름이 옅어지고 있었다. 그러고 보니 빗발이 약해졌다. 매실나무 밑동까지 차오르던 물이 조금씩 빠지기 시작했다. 삽을 꽉 움켜잡았다. '물길을 내자.' 삽으로 흙덩이를 퍼내며, 비가 그치면 확실한 보수 공사를 해야겠다고 다짐했다.

언제 어떻게 변할지 모르는 날씨와의 첫 번째 싸움은 다행히 큰 피해 없이 지나갔다.

농사에는 숱한 난관이 따른다. 농부들은 자신이 애지중지 키운 작물을 보호하기 위해 자기 한 몸 아끼지 않는다. 폭우가 내리면 도시의 거리는 인적이 잦아들지만 농촌은 분주해진다. 가물 때는 물 대기에 바쁘고, 폭풍이 불어 닥칠 때면 작물이 꺾이지 않을까 일일이 손본다.

농부는 예측 불가능한 하늘과 싸우는 사람이다.

그러나 나는, 농부는 날씨와 싸우는 것만큼이나 예측 불가능한 경제 환경의 변화와도 싸워야 한다고 주장한다.

요컨대 농사에도 경영이 필요하다는 말이다. 경영이란 통제하고 관리하는 모든 행위를 말한다. 농사만 짓는 농부는 판로 개척이나 유통에는 관심이 없다. 온통 신경은 재배에 쏠린다. 그러다 보니 유통에 취약해진다. 몇 군데 팔 곳을 찾아보지만 운이 좋으면 다 팔리고, 운이 나쁘면 못 판다. 수확이 많으면 가격이 내려가고 가격이 올라가면 팔 게 없다. 매년 울고 웃는 상황이 되풀이되지만 어쩔 도리가 없다.

반면 경영을 하는 농부는 재배 외에도 변화무쌍한 경제 환경의 변화에 대처하기 위해 각종 수단을 총동원한다. 작목반이나 계약

재배 농가를 결성, 흉작에 대비하여 공급량 확보에 만전을 기한다. 특정 유통업체에 휘둘리지 않기 위해 판로 다각화에 심혈을 기울인다. 수확물을 그대로 파는 것보다 가공품으로 파는 것이 안정적이고 높은 이윤으로 이어진다는 사실을 알고 가공까지 영역을 확대한다. 또한 브랜드 인지도 향상을 위해 홍보에 신경을 쓴다.

농부에게 경영이 필요한 이유는 변화하는 환경에 유연하게 대응하기 위해서이다. 가뭄에 대비하여 수원을 확보하고, 태풍에 대비하여 지지대를 손보는 행위 모두가 '예측 불가능한 날씨의 변화'로부터 피해를 최소화하기 위해서 아닌가. 마찬가지로 농부에게 경영과 전략이 필요한 이유는 수요와 공급의 변화, 고객 니즈의 변화로부터 수익 구조를 지키기 위해서이다. 귀농을 하면 도시와는 멀어지지만 그렇다고 해서 경제 환경으로부터 벗어나지는 못한다. 그래서 자신의 모든 노고를 수포로 돌아가게 만드는 불의의 사태_{유통업체의 횡포, 흉작, 농산물 수입, 품질 문제 기사화 등}로부터 소득을 지키기 위해서 경영이 필요하다.

1장

낭만만으로는
귀농에
성공할 수 없다

IMF의 교훈, 나는 똑같이 당하지 않으리라

귀농은 불시착한 비행기처럼 날개를 잃은 상태에서 시작하기도 하고, 표지판 하나 없이 사막을 건너야 할 때도 있다. 뒷길이 끊어진 채 낭떠러지와 마주해야 할 때도 있고, 떠내려간 보따리를 바라보며 맨몸뚱이로 돌아와야 할 때도 있다. 대개의 1세대 귀농인들은 사업 실패나 명퇴 후 막막한 현실에 쫓겨 농촌으로 떠난 사람들이고, 그런 와중에서 살아남은 극소수이다.

그러나 나는 맨땅에서 시작한 귀농인보다 나은 조건에서 귀농을 시작했다.

나의 첫 직장이자 마지막 봉급을 받은 곳은 신문사였다. 나는 평생을 한곳에서 근무하며 숱한 사람과 교우했고 틈틈이 대학원을 다닌 덕에 남들보다 빨리 승진했다.

IMF가 터지자 우리는 가지 끝에 걸린 나뭇잎 신세로 전락했다. 몇몇은 시대의 변화를 알리는 기수처럼 이른 시기에 펄럭펄럭 떨어졌고, 대부분은 줄기를 뒤흔드는 강풍을 이기지 못하고 우수수 떨어졌다. 가지 끝에 간신히 매달린 나는 가족의 얼굴을 떠올리며 이를 악물었다.

IMF는 국제통화기금의 약자가 아니라 그동안 쌓아왔던 경력과 인맥을 한 줌의 재로 만든 날벼락이었다. 세상은 하루 사이에 뒤바뀌었고, 우리는 과거의 영광이 모래가루가 되어 바람에 쓸리는 광경을 속절없이 지켜보아야 했다.

그렇게 시작된 위기감은 자연스레 노후 걱정으로 이어졌다. 하루는 은퇴한 선배들을 술자리에서 만났다. 한 선배가 소주잔을 입에 탁 털어 넣으며 말했다.

"집사람이 말이야, 어딜 그렇게 쏘다니나 했더니, 식당에서 일하고 있더군. 버럭 화를 냈어, 무엇 하러 그런 데를 나가느냐고. 그랬더니 도리어 역정을 내, 가장이라는 사람이 책임질 생각도 안 하고 있는데 어떡하느냐고. 말문이 턱 막혔지."

날고 기던 선배들은 다 어디로 가 버린 것일까. 술자리는 침묵 속으로 꺼져 들어가는 듯했다. 나만 바라보며 사는 아내와 자식들. 술로 입술을 축일수록 목은 더욱 타들어갔다.

더 기다릴 게 아니었다. 정년까지 살아남더라도 이후의 삶은 오늘 만난 선배들의 모습과 다르지 않으리라. 머리가 굳고 다리 힘이 쪽 빠지기 전에 사업을 시작해야겠다고 마음먹었다.

그때 내 나이, 아직은 기력이 꺾이지 않고 머리가 녹슬지 않은, 44살이었다.

IMF가 터지고 수년이 흘렀다. 퇴직을 염두에 두고 본격적으로 사업 유형을 조사했다.

그간 신문사에 근무하면서 수많은 사업 아이템을 접했다. 나는 주저 없이 일식당을 택했다. 먹어보지 않고 느껴보지 않으면 음식 문화를 모르는 법이다. 나는 신문사 모임에서 만난 일본인 친구를 통해 일본 정통 요리를 자주 접해보았다. 계절마다 어떤 생선회가 맛있는지도 알게 되었고, 어떻게 조리한 음식인지 알 만큼 입맛이 섬세해졌다. 맛집으로 소문난 집만 골라 다녔고, 또 요리사들이 나에게 새로운 요리의 품평을 요청하다 보니 어느새 일식 평론가라는 별명도 얻게 되었다.

대구 시내에 오픈한 일식당은 기대 이상으로 손님이 많았다. 사업계획서를 꼼꼼히 작성하고 장시간 준비했지만, 창업이 두렵지 않은 사람이 어디 있겠는가. 전날에는 잠도 오지 않았고, 당일에도 심장이 두근거리는 것이 꼭 수험생 같았다. 그러나 개업과 동시에 손님이 밀물처럼 쏟아져 들어오자 한시름 놓았다.

손님은 나날이 늘었다. 사전에 예약하지 않아서 허탕 치고 돌아가는 고객도 있었다. 그렇게 몇 달 사이에 2호점을 열었다. 1년이 채 지나지 않아 대구와 경북권에 8개의 체인점을 열었고 백화점 전문식당가에 진출했다.

사업이 확장될수록 기본의 중요성은 점차 커진다. 식당이 지켜야 할 기본 중 하나는 좋은 재료를 쓰는 것이다. 그러나 나는 좋은 재료에 만족하지 않았다. 더 좋은 재료, 나아가 최고급의 재료를 쓰고 싶었다. 재료 욕심이 나날이 커졌다.

나는 '욕심'처럼 좋은 말도 없다고 생각한다. 욕심이 커져야 사업계획도 확대된다. 초기의 사업계획을 성실히 이행하여 열매를 맺었으면 사업을 확장하든 품질을 높이든 경쟁력 제고를 위해 과감히 투자해야 한다. 음식점의 경쟁력은 어떻게 올릴까. 비유컨대 강물을 깨끗이 하려면 물줄기가 시작되는 옹달샘부터 수질을 관리하듯이 음식의 출발점인 재료부터 뚝 부러지게 장만해야 한다.

좋은 재료에 대한 관심은 자연스럽게 일본 본토의 일류 식당에서 쓰는 고급 채소로 옮겨갔다. 일본에서는 생선회에 자소 따위의 채소를 필수적으로 곁들인다. 그런데 이런 채소들은 한국에서는 재배하는 곳이 없었다.

'이런 난감할 때가. ……어떻게 할까, 직접 길러볼까?'

비용 부담이 큰 것은 사실이었다. 그러나 최고를 쓰고 싶다는 열망이 더 컸다. 결국 농장을 구입하고 재배해 보기로 마음먹었다. 직접 농사를 짓기에는 여력이 없어서 관리인을 고용해 작물을 길렀다. 채소 씨는 일본에서 들여왔다.

　처음 재배해보는 작물을 책에만 의존하여 키우겠다는 생각부터가 실수였던 모양이다. 잘 키운 채소도 있었지만 대부분 실패였다. 규격화된 농산물을 생산하는 일은 더더욱 어려웠다. 규격화가 중요한 이유는 효율성 때문이다. 들쭉날쭉한 채소를 갖다 주면 주방에서 재손질을 해야 했다. 더구나 우리만 쓰기에는 양이 너무 많았다. 남는 재고를 일반 시장에 내다팔 수만 있다면 농장의 수지 타산을 맞출 수 있을 테지만 우리나라에서는 이 특수 야채를 찾는 이가 없었다.

　갈등의 순간이었다. 비용만 쏟아 붓고 아무런 결실도 못 거두는 것은 아닌가. 이럴 때는 '스톱'을 외쳐야 하는가, 아니면 장기적인 투자라고 생각하고 밀어붙여야 하는가. 판단이 서지 않았지만 나는 왠지 지금 멈추어서는 안 될 것 같다는 느낌을 받았다. 아마 어떤 끌림이 있었는지 모른다. 나는 뭔가에 이끌린 듯이 야채 농장을 지속하기로 결정을 내렸다. 이 농장은 훗날 나의 '귀농지'가 되었다.

30명이 식중독에 걸리면서 내 인생도 180° 바뀌었다

"**네?** 뭐라고요? 식중독이요?"

"한 시간쯤 전에 단체 손님이 오셔서 음식을 드셨는데……."

일식당 사업이 번창하던 어느 날, 가맹점 한 곳으로부터 불의의 전화 한 통이 걸려왔다. 30명 정도의 단체 손님이 식사 후 복통을 일으키고 병원으로 실려 갔다는 전갈이었다. 차를 타고 가는 내내 핸들 잡은 손이 떨렸다. 신뢰를 쌓기 위해 좋은 재료만을 엄선하고 위생에 신경을 썼다. 공든 탑이 한순간에 무너지는 것은 아닌지 두려웠다.

돌이켜 보면 언젠가는 터질 문제였다.

제멋대로인 몇몇 가맹점 때문에 그동안 속병을 앓고 있었다. 처음에는 본사에서 정한 기준대로 좋은 음식재료와 소스를 사용하더니 점차 비용을 낮추려고 값싼 음식재료를 쓰기 시작했다. 고객들은 같은 가맹점인데 왜 맛이 다르냐며 불만을 터뜨렸다. 나쁜 소문은 재빨리 번진다. 식당 이미지는 서서히 추락하기 시작했다. 읍참마속. 눈물을 머금고 불량 가맹점 몇 곳을 정리했다. 양호한 가맹점을 살리기 위한 최선의 선택이었다. 동시에 직영점 관리에 심혈을 기울였다.

그 후 전문식당가에 진출하여 다시 손님을 끌기 시작한 어느 날, 가맹점 식당으로부터 식중독이라는 폭탄이 날아든 것이다.

다행히 신문에 기사화되지는 않았다. 사태의 확산을 막기 위해 거액의 위로금도 주었다. 그러나 식중독 피해를 입은 손님들은 검찰청 수뇌부들이었다. 보도만 되지 않았을 뿐 이미 좁은 대구 시내에 소문이 파다했다.

조금만 더 노력하면 사업의 토대가 다져질 것 같다고 여기는 순간, 지뢰를 밟은 것이다. 어렵사리 구축해놓은 고급 식당의 이미지가 폭삭 주저앉고 말았다.

달리 방법이 없었다. 식당 문을 닫고 집으로 돌아왔다. 단기적인 처방으로는 제2, 제3의 식중독 사태를 피할 수 없으리라고 판단했다. 나는 식당업에 관한 한 모든 것을 장악하고 싶었다. 그래서 예측불가능성을 제로zero로 만들고 싶었다.

나는 무엇이 문제인지 복기하기 시작했다.

'생선회는 비非가열 음식으로 식중독에서 자유로울 수 없다. 익혀 먹는 음식은 조리과정에서 멸균되는 데 반해, 생선회는 무방비 노출 상태다. 관리만 잘한다고 해결될 문제가 아니다.'

그렇다면 어떤 해결책이 있을까? 해답을 찾지 못하면 식당을 접으리라 각오하고 칩거에 들어갔다. 그러다 삼 일째 되던 날 저녁, 밥술을 뜨다 말고 벌떡 일어섰다. 일본인 친구와 함께 교토에서 회석요리일본 정식요리를 먹었던 기억이 뇌리를 스쳤다. 회의 본고장인 일본도 식중독으로부터 자유롭지 않기는 매한가지 아닌가.

'맞아! 답은 거기 있다!'

그날도 일본인 친구는 일본을 방문한 나를 데리고 교토의 한 음식점으로 갔다. 친구는 교토는 내륙지방이지만 회석요리만큼은 일본 최고 수준이라며 입에 침이 마르도록 칭찬했다. 하지만 고등어 회가 접시에 담겨 나왔을 때 나는 멈칫했다.

'고등어 회는 갓 잡아서 싱싱할 때 먹는 것 아닌가?'

꽁치나 고등어 같은 생선은 시간이 조금만 지나도 독소가 발생하기 때문에 날것으로 먹기에는 위험 부담이 있었다. 친구는 망설이는 내 마음을 알아차리고 매실과 자소로 만든 일본 장아찌 '우메보시'를 내밀었다.

"같이 먹으면 괜찮아."

내가 못 미더운 눈초리로 쳐다보자 일본인 친구가 껄껄 웃었던 것으로 기억한다.

'그래, 우메보시가 답이다.'

나는 곧 매실의 효능에 대해서 샅샅이 찾아보았다.

일본에서는 거의 모든 비非가열 음식의 조리에 매실과 자소를 사용한다. 우메보시는 살균 효과가 탁월하고 소화를 돕고 장을 깨끗이 청소해준다. 일본인이 한국인보다 장이 약한데도 불구하고 건강을 지킬 수 있는 이유도 바로 매실을 많이 섭취하기 때문이다. 일본에서는 회를 내오기 전에 매실과 자소의 추출물로 횟감을 살균하고, 먹을 때도 우메보시를 곁들인다. 또 회를 다 먹은 후에는 매실·자소 주스를 마심으로써 마지막 단계까지 위험요소를 제거한다.

한마디로 매실 없이는 회를 먹지 않았다.

매실 관련 서적을 죽 읽으면서 나는 매실에 푹 빠져들었다. 사업 구상도 떠올랐다. 우메보시를 국산화하면 참 좋겠다는 생각도 들었다. 한마디로 매실에 미쳤다. 그 길로 곧 재료 수급에 나섰다.

그러나 아무리 시장을 둘러보고 문의해 봐도 완숙매黃梅를 파는 곳이 없었다. 우메보시를 만들려면 매실이 노랗게 익었을 때 따서 바로 소금에 절여야 한다. 그러나 시장에서 유통되는 매실은 죄다 미숙과靑梅였다. 결국 우메보시를 담그려면 매실나무를 직접 재배해야 한다는 말이었다. 며칠 고심 끝에 마음을 굳혔다.

'그래, 직접 재배해보자. 내 손으로 재배해서 우메보시를 만들자!'

마침 일식당 직영 농장으로 쓰다가 방치했던 땅이 떠올랐다.

낭만만으로는
귀농에 성공할 수 없다

귀농을 선택하는 순간, 당신은 갑작스레 외톨이가 될지 모른다. 자녀가 한창 부모의 보살핌을 받으며 학교에 다닐 나이라면 가족은 더욱 결사반대를 외칠지 모른다.

아내는 농사짓자는 내 말에 선뜻 답하지 못했다. 도시를 버리고 떠나야 한다는 사실을 받아들이기 어려웠으리라. 무엇보다 고등학교에 다니는 둘째 아이가 마음에 걸렸던 것이다.

상황에 따라서 당신은 귀농과 가족 가운데 하나의 선택을 강요받을지 모른다. 그럴 때는 또 어떻게 할 것인가? '늙으면 빨리 죽어야지.' 푸념하는 늙은이의 말이 정말 사실일까? 늘그막에 소외된 삶이 힘들어 한숨 쉬듯 던진 말과, 진짜 죽는 일은 전혀 다른 법이다. 귀농 역시 그렇다. 사람들은 막막한 현실에 부딪치면 '귀농이나 할까' 하고 쉽게 말한다. 아내도 종종 그런 내색을 비쳤다. 하지만 결정은 다른 문제였다.

나는 귀농을 선택했다. 아내의 반대로 한때는 접을까 심각하게 고민도 했다. 아내가 눈물을 흘리며 호소하는 말에 한순간 결심이 꺾이기도 했다. 한편으로는 반대를 외치는 가족을 끌고라도 데려갈까 싶었다. 그러나 둘 다 포기했다. 나는 혈혈단신으로 칠곡의 허허벌판으로 내려갔다.

농사는 절기와의 싸움이었다. 시기를 놓치면 일 년 농사를 망칠 수 있기 때문에 한시도 눈을 떼기 어려웠다. 게다가 농업은 한 번도 경험하지 못한 생소한 일이었다. 낫질부터 서툴다 보니 잠시도 허리를 펼 틈이 없었다. 그래서 내게는 휴일이 없었다. 대신 주말마다 아내와 아이들이 나를 찾아왔다.

아이들은 낯선 사람 대하듯 어색하게 인사했다. 넥타이를 매고 단정한 차림으로 다니던 아빠가 흙 묻은 작업복을 걸치고 나타났으니 놀라는 것도 무리는 아니었다. 아내는 지친 표정으로 아이들 뒤에 서 있었다.

때로는 가족과 한자리에 있는 것이 부담스러워 주말이면 일부러 일을 만들기도 했다. 갈수록 대화가 줄어들었다. 우리는 가족 같지 않았다.

그러던 어느 날 아내와 말다툼을 벌였다. 아내가 긴 침묵 끝에 눈물을 흘리며 '이혼'이라는 말을 꺼냈다.

"이렇게 사느니 차라리 헤어져요. 그게 나을 것 같아요. 다른 말 필요 없어요. 사는 게 사는 게 아니에요."

아내로 하여금 '이혼'을 고민케 한 것은 나였다. 그러나 나는 이혼하고 싶은 마음이 없었다. 가족의 생이별은 내가 원한 일이 아니었다. 그렇다고 귀농을 접고 싶은 생각도 없었다. 그러나 아내는 가족과 귀농 가운데 하나를 요구했다. 아이들은 아빠를 이해해주기에는 너무 어렸고, 나는 낭떠러지에 몰린 듯한 기분이었다.

그날의 일은 봉합되지 못한 채 우리는 다시 일상으로 돌아갔다. 당시 나는 미래를 접어야 할지 모른다는 두려움에 몸을 떨었다. 이제야 막 내가 할 일을 찾았다고 생각했다. 내가 하고 싶은 일을 하면서 살아가려면 내가 가졌던 모든 것을 포기해야 하는 것일까. 귀농이란 이처럼 기존 생활과의 완벽한 단절일 수밖에 없는가.

어린 시절 나의 꿈은 멋진 농장과 목장을 갖는 것이었다. 나는 전원풍경이 담긴 외국잡지의 사진 한 장을 오려다가 방에 걸어 놓고 그런 곳에서 사는 꿈을 꾸었다. 고등학교 시절에는 농촌에 사는 친구들과 어울려 다녔다. 도시에서만 성장한 나는 과수원 농장의 아들이었던 내 단짝을 만나기 전까지 농촌을 접할 기회가 없었다.

단짝을 만난 후로 나는 방과 후에는 과수원으로 달려갔다. 과실 따기, 농약 살포를 비롯하여 나무궤짝에 사과가 흠집이 나지 않도록 짚과 쌀겨를 넣어 안전하게 포장하고 경운기에 실어 출고하는 일이 즐거웠다.

아내가 '이혼'을 말하고 돌아간 날, 나는 혼자 있는 방안이 싫어 농장을 빠져나왔다.

딱히 갈 곳은 없었다. 사실 이 마을 사람들도 나를 이해하지 못하기는 마찬가지였다.

귀농 첫날, 마을 어르신들을 모셔놓고 조촐한 파티를 열었다. 시골의 정서를 미리 파악하기 위해 정착 전부터 경로당과 마을을 오가며 유지들에게 점수를 많이 따놓은 터라 그들은 나를 환영해주었다. 몇 차례 기분 좋은 술잔이 오갔다. 어르신들은 마을 발전을 위해 앞장서달라고 신신당부하셨다. 그렇게 즐겁고 좋은 분위기가 이어졌다. 그러나 그게 전부였다.

귀농을 결심하고 내려와서 처음 몇 주 동안은 세상 처음 자유를 맞본 수인囚人처럼 들떠 있었다. 처음에는 나를 구속한 모든 것으로부터 해방되었다는 자유로움을 만끽했다. 그러나 시간이 갈수록 고립감은 커져만 갔다.

찾아오는 신문사 후배들은 측은하다는 듯이 흙투성이의 나를 바라보았다. 농장 가까이 사시는 주민도 있었지만 대개 연세가 지긋한 분들이었다. 살아온 경험과 세대가 달라서 속 깊은 대화를 나누기가 어려웠다. 농협이나 면사무소 직원들을 만나면 이런 말을 던졌다.

"언론사 부장까지 한 사람이 왜 이런 촌구석에 들어왔소?"

잘려서 오갈 데가 없으니까 온 것 아니냐는 소문이 무성하다며 귀띔해준 이도 있었다.

문둥병에 걸린 환자처럼 나는 사람들로부터 격리되고 말았다. 그럴 때마다 농장에 심어놓은 매실 묘목을 바라보며 다시금 마음을 다잡았다.

매실은 내게 기회의 열매였고, 나는 자신이 있었다. 남들이 어렵다고 하는 농업을 보란 듯이 성공하고 싶었다. 그래서 우리 가족에게도 능력 있는 아빠, 좋은 남편이 되고 싶었다. 매실만 보면 그런 열망이 불타올랐다. 지금의 외로운 나를 장래의 행복한 나로 바꾸어 줄 것이 바로 매실이었다.

2장

해보기 전에는 안 된다고 생각지 마라

토종 매실 재배,
아무도 가지 않은 길

'어떤 매실나무를 심을까?'

우메보시를 만들기 위해 매실을 직접 재배하기로 마음먹은 나는 곧 매실나무는 추위에 약하다는 사실을 알게 되었다.

내가 귀농을 할 무렵, 국내 거의 모든 매실나무는 일본산이었다. 개량 품종도 모두 일본산이었고 매실의 효능을 연구하는 사람들도 죄다 일본인이었다. 매실의 영어 표기 역시 재패니즈 애프리캇 Japanese apricot 이었다. 나의 롤 모델인 전남의 홍쌍리 여사 역시 일본산 매실을 재배하고 있었다. 요컨대 매실이라면 일본산이 최고라고 여기던 시절이었다.

그러나 일본 매실은 포근하고 비가 많은 지역에서 재배하기 적합한 품종이라 우리나라에서는 제주도나 남해안까지가 재배의 북방 한계선이었다. 한계선 위쪽에 위치한 칠곡에는 심을 수 있는 품종이 없었다.

물론 토종 매실을 생각지 않았던 것은 아니었다.

그러나 '토종 매실'은 열매가 작은데다 씨까지 굵어 상품성이 떨어진다고 알려져 있었다. 토종 매실이 좋다고 말하는 전문가는 단한 명도 없었다. 그러니 별 수 있는가. 나 역시 토종 매실은 쓸모없다고 철석같이 믿고 있었다.

그래서 일본 매실 가운데 비교적 추위에 강한 풍후_{홍매}라는 품종을 심기로 결정을 내렸던 것인데 마음이 편치 않기는 마찬가지였다. 열매의 품질을 기대하기 어려웠기 때문이다.

더욱 큰 걱정은 3년 뒤에나 수확을 할 수 있다는 사실이었다. 어떤 매실이 열릴지 3년이 지나봐야 알 수 있다니 답답하기 그지없었다. 일단은 다른 농장의 매실로라도 우메보시를 만들어봐야겠다고 생각하고 여러 곳에 문의를 했다. 그러나 우메보시에 필요한 황매를 파는 곳은 없었다.

'그렇다면 청매를 사다가 후숙_{수확한 과실을 일정 기간 익히는 것}을 시켜볼까?'

그러나 후숙은커녕 매실이 쪼글쪼글 말라비틀어지고 말았다.

그렇게 대안을 찾던 어느 날이었다. 답답한 마음을 안고 농장을 거닐고 있을 때였다. 농장 한곳에 탐스럽게 열매 맺은 매실나무가 눈에 띄었다.

'이런 나무도 있었나?'

이 매실나무는 매실의 '매' 자도 모르던 시절, 대구에 들렀다가 엉겁결에 들고 온 것이었다. 아는 교수님이 아파트로 이사 가시면서 더 이상 기를 수 없다며 내게 준 것이었다. 버리기도 그렇고, 그냥 관상용으로 키워보자고 일식당 직영 농장 한곳에 심어두었는데 이렇게 훌륭히 자란 것이다.

아무도 돌보지 않은 나무가 이렇게 잘 자라서 탐스런 열매를 맺었다니. 전율이 흘렀다. 열매를 따서 냄새를 맡아보니 향이 진했다. 한줄기 서광이 비쳤다.

토종 매실은 산이 풍부하여 신맛이 강하고 향도 진하다. 그래서 매실 엑기스를 만들면 일본 매실과 달리 맛과 향이 잘 우러난다. 약리 작용 역시 뛰어나다. 무엇보다 우리 땅에서 오랫동안 적응해 온 품종이었기 때문에 한국에서 기르기에도 딱 좋았다. 교수님은 이 묘목을 누구에게 얻었을까. 물어보니 토종 매실의 출처는 권병탁이라는 박사님이었다. 수화기를 들었다. 여보세요, 저 묘목이 필요합니다!

수화기 너머로 카랑카랑한 노인네의 목소리가 '안 됩니다.' 하고 잘라 말한다. 권병탁 박사님이었다. 요즘 매실 묘목 심는 것이 유행이라 묘목이 귀한데다 또 예약된 물량이 있어 기다려야 한다는 설명이었다.

죽이 되든 밥이 되든 일단 만나 뵙고 설득해봐야겠다고 생각했다. 어렵게 수소문한 끝에 박사님 제자였던 신문사 후배를 통해 권박사님을 만났다.

"제가 찾아뵌 이유는 다름 아니라 매실 묘목 때문입니다."

"예약된 물량이 있어 판매할 수 없다고 지난번에 말씀드렸던 것으로 아는데요."

"맞습니다. 하지만 박사님, 그 묘목이 아니면 안 됩니다. 단 몇 그루라도 좋습니다. 제가 왜 그 묘목을 필요로 하는지 한번 들어보시고 판단해 주시면 안 되겠습니까?"

죽은 사람 소원도 들어준다는데 이렇게 바짓가랑이 붙잡고 늘어지는 나를 모른 척할 수는 없었으리라. 권 박사님이 '그럼, 얘기나 들어봅시다.' 하고 눈짓으로 말씀하시는 것을 재빨리 포착하고 하나씩 이야기보따리를 풀기 시작했다.

식중독 사건은 이럴 때 좋은 화젯거리였다. 그 사건을 필두로 매실 관련 일본 서적을 탐독했던 이야기, 매실에 이런 효능이 있는 줄은 몰랐다는 얘기까지 이야기는 실타래처럼 술술 풀려나왔다. 어느 순간부터는 여기에 온 목적도 잊게 되었다. 더 이상 묘목을 얻겠다는 생각은 없었다. 단지 그 묘목이 내게 왜 중요한지 꼭 말씀드리고 싶은 마음뿐이었다.

그렇게 한참동안 열을 올리다 보니 박사님이 중간 중간 말을 보태거나 질문을 던지시는 등 관심을 보이기 시작했다. 대화는 무르

익고 어느 새 매실의 효능과 사업 가능성을 놓고 즉석 토론회가 열렸다. 우리는 짝짜꿍이 잘 맞았다. 마치 짝을 잃은 반쪽짜리 거울이 제 짝을 만난 것 같았다.

"얘기를 나누다 보니 서 사장님 매실 사랑이 대단하십니다."

"아닙니다. 박사님에 비하면 저는 새 발의 피지요."

"내가 그동안 매실 때문에 많은 사람을 만나봤지만 서 사장만큼 애정이 깊은 사람은 처음입니다."

"말씀만이라도 정말 감사합니다."

"그래서 말인데……"

박사님이 바짝 앞으로 당겨 앉으시며 내 눈을 쳐다보셨다.

"토종 매실 보급 사업을 맡아줄 수 있겠소?"

토종 매실 보급 사업은 권 박사님이 평생에 걸쳐 심혈을 기울여 온 사업이었다. 한마디로 '내 후계자가 되어 내 사업을 이어주지 않겠느냐'는 말이었다. 단지 묘목 몇 그루 구하러 온 내게는 뜻밖의 제안이었다. 사실 내가 하고 싶은 일과 거리가 있어 처음에는 망설였다. 그러나 우리 농장에 딱 맞는 묘목을 구할 길이 달리 떠오르지 않았다. 이런 기회는 두 번 다시 찾아오지 않으리라.

"좋습니다. 기꺼이 박사님의 뜻을 받들겠습니다."

600년 묵은 매화나무에서
시작된 송광매원

권병탁 박사님은 토종 매실의 선각자였다. 대구시에 있는 약령시약재를 사고팔던 장를 소재로 논문을 쓰시다가 매실의 효능을 알게 된 것이 매실과 인연을 맺은 시초였다. 특히 한약재로서 매실이 지닌 뛰어난 효능에 끌리셨다고 한다. 그렇게 마음속으로만 매실 꿈을 키워오던 어느 날, 지금 순천시에 있는 송광사를 방문했다가 600년 묵은 매화나무를 발견했다. 마침 잘 익은 매실 하나가 툭 떨어지는 것을 목격하셨던 것이다.

박사님은 스님께 양해를 구하고 완숙된 매실 종자를 골라 대구에 심었다고 한다. 그렇게 자란 묘목을 인근 밭으로 옮겨 심어 길렀는데, 그 무렵 교수직도 뒷전으로 미룰 만큼 매실에 푹 빠지고 말았단다.

매화나무에 심취된 박사님은 결국 귀농 1세대가 되었다. 교수직 정년을 앞두고 매실 농부로 변신하기 위해 어떤 우여곡절을 겪었을지는 안 봐도 눈에 선했다. 그러나 돈을 벌겠다고 뛰어든 것이 아니었기 때문에 명성은 얻으셨으나 경제적인 이득은 제로, 아니 마이너스였다.

박사님의 매실 농장은 팔공산에 위치했다. 함께 가서 둘러본 팔공산 농장은 한마디로 버려진 난민촌 같았다. 전문가의 도움 없이 혼자 설비를 갖추시느라 건축물마다 하자투성이였다. 팔공산이 도립공원이었다는 사실도 모르셨던 모양이다. 아무리 순수한 마음으로 농장을 짓는다지만 무허가 건축물이다 보니 관할 구청에서 가만둘 리 만무했다. 결국 고집스러운 늙은이로 오인되어 구청건축과에서 몇 번이고 계고장을 보내다가 강제 철거에 이르렀다. 애지중지 손수 지은 시설물이 철거되는 수모를 겪고는 그 자리에서 병을 얻어 몸이 쇠약해지셨다고 한다. 언론을 통해서는 토종 매실 박사로 널리 알려졌으나 지역 공무원에게는 여간 골칫덩이가 아니었던 모양이다.

어쩌면 '귀농'이란 게 원래 그런 숙명을 타고 난 것인지 모른다. 매체에 비춰지는 근사한 모습 뒤에는 숱한 어려움이 산적해 있기 때문이다. 박사님은 하루아침에 폐허로 바뀐 팔공산 농장을 바라보며 한계를 느끼셨고, 마침 나와 만나면서 한 줄기 희망을 본 것이다.

그 길로 나는 토종 매실 묘목을 얻어다가 낙동강 농장에 옮겨 심었다. 동시에 매실 모종 만드는 법을 전수받았다.

박사님께서는 30년간 간직해온 '송광매원'이라는 상호 역시 내가 쓸 수 있도록 양도해주셨다. 매실 시장의 후발주자인 내가 독자적으로 상호를 만들고 이를 홍보하는 데 들어가는 비용과 노력을 감안하면 이는 무엇과도 바꿀 수 없는 큰 자산이었다.

내가 박사님의 뒤를 잇게 되었다는 소문은 빠르게 전파되었다. 곧 박사님과 인맥이 있는 분들, 즉 대학교 총장을 비롯한 숱한 사회 유력 인사들의 성원이 뒤따랐다.

이제 막 농사에 발을 내디딘 나로서는 30년이란 역사가 큰 힘이 되었다. 그리고 무엇보다도 박사님이 관리해 오신 팔공산 농장의 매실을 수확하면 3년을 기다릴 필요가 없었다. 바로 우메보시를 만들어도 될 만큼 팔공산 농장의 매실은 무르익어 있었다.

귀농이 이처럼 행운의 연속이면 얼마나 좋겠는가. 그러나 현실은 우리의 기대를 늘 배반한다. 마치 찬물과 뜨거운 불 속을 오가며 단단하게 벼려지는 강철처럼 세상은 우리를 단련하기 위해 끊임없는 시험을 요구한다.

귀농은 일반 창업보다 더 어렵다는 것이 내 생각이다. 일식당 경영을 성공으로 이끈 것에 비하면 귀농은 더 많은 도전을 필요로 했다. 일식당 경영이 산소마스크 물고 카리브 연안 앞 바다를 헤엄치는 것이라면, 귀농은 마스크 없이 납덩이를 달고 심해로 뛰어드는 것과 비슷하다.

　그러나 바로 그런 이유로, 귀농은 위험이 따르는 매력적인 도전이 아닐까.

편견의 껍질에
싸인 열매, 매실

처음 마을 사람들은 도시에서 온 귀농인이 매실나무를 심는 것을 보고 의아해했다. 이곳에는 매실을 심는 이가 없으니 한편으로 신기했을 법도 하다. 한편 매실에 대해 조금이라도 아는 사람들은 추위에 약한 특성을 거론하며 실패를 우려했다. 칠곡군 농업기술센터의 원예담당자들도 마을 사람들과 같은 생각이었다.

"제가 저번에, 서 사장님 말씀을 듣고 곰곰이 생각해 봤는데요. 매실 농사를 짓는 건 조금 어렵지 않을까 싶습니다. 이쪽에 보시면⋯⋯."

특히 나에게 관심을 기울이던 계장님은 매실 관련 서적을 펼쳐 보이며 무리한 계획이 아니냐며 조언을 해주셨다. 계장님을 모시고 권병탁 박사님의 팔공산 농장에 가서 생육 상태를 보여 드렸더니 깜짝 놀란다.

"제가 생각한 것과 정말 다르네요. 아주 잘 자라고 있습니다. 어떻게 이처럼 추운 곳에서도 잘 자라는 것인가요?"

"아마도 토종 종자다 보니 우리 땅에도 잘 맞고, 기후에도 잘 맞는 모양입니다."

"아, 토종 매실이었군요. 이렇게 기르기도 쉽지 않았을 텐데. 제 기우였습니다. 죄송합니다."

"아닙니다. 주민 분들도 매실 농장을 한다니까 놀라시더라고요."

계장님은 그 일이 있고 난 뒤로는 우리 농원에 지대한 관심을 보이며 많은 성원을 해주었다.

이런 오해는 한동안 지속되었다. 이해 못할 일도 아니었다. 네모나라에 세모가 찾아온 셈이 아닌가. 참외, 벌꿀, 쌀을 주로 재배하는 지역에 난데없이 매실이라니. '근본 없는 작물'이 불쑥 끼어들었으니 어이가 없는 것이 어쩌면 당연한 일이었다.

그러나 마침 시류가 좋았다. 다행히 매실이 세간의 관심을 끌 때라 TV나 신문지상에 자주 보도되었다.

작목을 택할 때 '시류'도 하나의 기준이 된다. 요컨대 요즘 주목을 끄는 작물이 있기 마련이다. 신문사에 근무하면서 익힌 것은 시의적절하지 못한 아이템은 사람들의 시선을 끌기 어렵다는 점이다. 홍쌍리 여사나 드라마 〈허준〉은 매실에 대한 인지도를 높이는

데 기여했고, 또 600년 묵은 매화나무에서 찾은 '토종 매실'은 그 자체로 하나의 기삿거리가 되기 좋은 소재였다. 그러다 보니 농사 지은 지 얼마 되지 않은 나에게도 인터뷰 또는 방송 촬영 교섭이 들어왔다.

이렇게 조금씩 매스컴을 타기 시작하자 마을 사람들도 매실에 관심을 보이기 시작했다. 외지에서도 매실 묘목을 구하러 오는 사람도 늘었다. 시간이 지나면서 농사를 전문으로 하지 않는 사람들도 묘목 구입을 요청해왔다.

그들은 대개 지역 유지 또는 공직자, 도시생활자와 같이 비농업인이면서 농지를 소유한 사람들이었다. 여건만 허락되면 귀농을 하고 싶어 하는 사람들이었다. 농촌이나 귀농에 관심이 없으면 농지를 소유할 이유가 없지 않은가? 그러나 농사를 짓기에는 시간이 부족하므로 비교적 관리가 쉬운 작물을 찾고 있었던 것이고 그 와중에 토종 매실을 접한 것이다. 마침 농사를 짓지 않는 농지는 강제매각을 해야 하는 법 조항이 있었으므로 자연스럽게 묘목 구매까지 연결되었다.

이러한 사실이 알려지자 군청 당국에서는 칠곡지역에 매실을 심고 칠곡군의 주민일 경우 매실 묘목 값의 50%를 지원해주기 시작했고 지금도 그 지원을 통해 매실나무 심기를 장려하고 있다.

매실 묘목 보급 사업 + 허준·홍쌍리 + 600년 묵은 매화나무 + 건강식품 + 귀농 관심 등 여러 가지 조건이 결합하며 매실은 갑작스레 유망 작물 가운데 하나로 부각되었다. 그 덕분에 매실에 대한 사람들의 편견이 서서히 사라지게 되었다. 물론 그동안 나라고 수수방관하고 있었던 것은 아니다.

　나는 농가를 찾아다니며 계약재배를 하면 어떻겠느냐고 사람들을 설득했다.

국내 최초 매실로 무농약 인증을 받다

　매실은 재배가 쉬운 작목이다. 그러나 농약을 써서는 안 된다. 매실에 빼곡히 난 솜털 때문이다.

　솜털의 역할은 열매 보호. 그래서 미세하고 조밀하다. 문제는 농약을 뿌렸을 때이다. 농약에는 점착성 물질이 들어 있는데 이 물질이 농약을 열매의 표면에 달라붙게 만든다. 사과처럼 표면이 매끄러운 과실은 아침 이슬이나 비에 씻겨 농약이 어느 정도 제거된다. 반면 매실은 이 솜털 때문에 농약이 쉽게 빠지지 않는다.

　사실 껍질을 벗겨 먹기만 해도 농약의 피해를 줄일 수 있다. 그러나 매실은 과실이 적기 때문에 껍질째 가공하여 섭취한다. 따라서 농약을 치게 되면 소비자는 그 피해를 고스란히 입을 수밖에 없다.

　마침 토종 매실을 옮겨 심었을 무렵이었다. 당시 친분을 맺고 있었던 신상길 목사가 친환경농법이 얼마나 중요한지 설명해주었다. 나는 그 말에 백 번 수긍했다. 식중독 사건도 겪고 난 뒤라 더더욱 위생과 건강에 신경을 써야 한다고 믿었다. 그래서 유기농 재배에 관심을 갖게 되었고 곧 전국을 다니며 친환경재배법을 배우기 시작했다. 그 무렵 전국친환경농업협회가 발족되어 큰 도움을 받았고, 또한 국제 인증기관인 IFOAM에서 주최하는 전문교육에 참가하여 수료증을 받기도 했다.

무농약재배는 1) 과도한 퇴비의 사용을 자제하고 2) 토착 미생물을 이용하여 충분히 분해가 된 토양에 작물을 길러야 하며 3) 유기적인 생물 농약, 즉 사람이 먹어도 해가 되지 않는 친환경농약을 사용하고 4) 주변의 일반 농가로부터 날아오는 비산농약으로부터 피해를 입지 않기 위해 격리해서 재배해야 한다.

일반적으로 친환경재배는 저농약재배를 거쳐 무농약재배로 넘어간다. 나아가 3년이 지난 후에 전환기유기농업을 거치고 최종 단계인 유기재배 단계까지 순차적으로 진행되도록 되어 있다. 그러나 매실의 경우는 저농약을 거쳐 무농약으로 넘어가는 것이 의미가 없다. 저농약 단계부터 농약을 치면 안 된다. 나 역시 아예 농약을 치지 않았다. 그래서 인증기관 농관원 담당자를 찾아가 매실의 특수성을 설명하고 심사를 요청했다. 그 결과 우리는 국내 최초로 매실 분야 무농약재배 인증을 받게 되었다.

처음은 누구에게나
두려운 법이다

현재 송광매원은 1년에 100여 톤의 생과 매실을 전국으로 유통시킨다. 우리가 직접 재배하는 매실은 전체 출하량의 20%로 나머지 80%는 계약재배 농가에서 재배한다. 나아가 작황이 안 좋을 때를 대비하여 타 지역으로부터 매실을 수매할 수 있도록 네트워크 역시 갖추고 있다.

유통의 핵심은 안정적인 공급이다. 그래서 계약재배 농가를 늘리는 일이 중요해진다.

나는 재배 계약을 꾸려갈 때 세 가지 점에 유의했다. 매실에 대한 거부감 문제, 품질 유지 문제, 그리고 계약재배 농가의 불안감을 없애는 문제였다.

첫째, 칠곡군 지자체에서도 마뜩잖게 여기는 작물을 어떻게 해야 이웃 농민들에게 짓도록 할 것인가?

벤처농업대학 출신 가운데 매실 농사를 본격적인 벤처농업으로 육성한 것은 송광매원이 처음이었다. 벤처농업이란 농산물 재배에 그치지 않고 가공, 유통까지 사업 영역을 확대한 농업을 말한다. 한마디로 1차 산업인 농업을 2차, 3차 산업으로 확대한 것이다. 그런데 벤처농업은 당시로서는 생소한 개념이었다. 그런데다가 매실은 칠곡군에 낯선 작물이었다. 이 지역은 참외나 벌꿀 농가, 쌀 농가가 주류였다. 그래서인지 이웃 농민들은 매실 재배, 나아가 벤처농업에 뛰어들길 꺼렸다. 대부분의 전업농가는 새로운 작물을 심는 것에 상당히 보수적이었다.

그러나 다행히 그간 토종 매실 보급 사업에 꾸준히 힘을 기울인 결과 '송광매원'이 매스컴에 자주 보도되면서 판매량이 급속히 증가했다. 자연스레 취미 반, 농사 반으로 토종 매실에 도전하려는 예비귀농인과 진취적인 사고를 가진 농사꾼들이 먼저 모여들었고 그 성과가 드러나기 시작하자 곧 전업농가가 뒤따라 동참했다.

만일 언론이 아니라 전업농가를 대상으로 일일이 설득했다면 이 정도까지 호응을 이끌어낼 수는 없었으리라. 나는 언론사 출신이라는 장점을 십분 발휘하여 토종 매실 홍보에 심혈을 기울였다. 사회적인 공감대를 이끌어 가는 홍보 작업을 진행하면서 틈틈이 이웃 농가에 한두 포기의 묘목을 선물로 나눠 주어 매실에 대한 관심을 끌도록 노력한 것이 주효했다.

둘째, 지속적으로 발생하는 품질 문제를 어떻게 해결할 것인가?

품질 문제는 일식당 경영에서도 겪었던 일로, 계약재배 농가가 품질을 지켜주지 않으면 전체 이미지가 추락한다. 반대로, 품질 문제가 해결되면 농산물 판매의 규모를 넓힐 수 있다. 또한 선별비나 운송비 비용도 절감되므로 일석이조의 효과가 있다. 나아가 품질을 향상시키기 위한 노력은 송광매원의 기술력 향상으로도 이어진다.

품질 문제의 해결은 지속적인 교육에 달렸다. 그러나 현실적으로 이웃 농가를 교육시키려면 강사료 및 제반 경비가 수반된다. 이 돈은 어디서 마련해야 하는가? 배우는 사람들에게 내라고 해야 하나? 나는 이런 문제들을 종합적으로 해결하기 위해 다양한 교육 지원 공모전_{귀농·귀촌 교육 프로그램 현장교육, 농관원 지원 '농장에서 식탁까지' 체험교육 등}에 참가했다. 이런 공모전에 당선되면 정부 차원의 지원을 받을 수 있다. 나중에는 신지식농업인에 선정되자 국가에서 교육을 지원해주었는데 그러면서 교육에 대한 갈증은 점차로 해소되었다.

이와 별도로 품질 기준을 강화하기 위해 친환경재배를 하는 농가가 있으면 별도의 계약을 맺고 전량 수매를 해주었다.

셋째, 판매 걱정 없이 마음 놓고 재배에 임할 수 있게 하려면 어떻게 해야 하는가?

농민들은 무조건 국가에서 보조를 해주거나 어떻게든 팔아주길 바라는 모럴해저드에 깊숙이 빠져 있다. 이것은 누구의 잘못이라기보다는 오랫동안 지속된 관행이다.

나는 이 문제를 해결하기 위해 내가 정부 기관이 되어야겠다고 마음먹었다. 정부 대신 수확 작물을 판매할 수만 있다면 농가들이 안심하고 재배에만 집중할 수 있지 않겠는가.

기본적인 전략은, 매실 수확기가 되면 묘목 분양 데이터를 이용해 작황을 물어보고 수확한 매실을 수매하여 판매하는 것이다. 대개는 이런 방식으로 물량을 소화시켰는데 그러자 곧 계약재배를 하고 싶다는 농가가 늘었다.

그런데 나를 가장 골치 아프게 만든 일은 두 번째와 세 번째 일이 겹쳤을 때였다. 다 팔아주기로 마음먹었는데 함량 미달인 매실을 들고 왔다면? 초기에는 '토종 매화나무에서 수확한 것'이라며 팔 데도 없는 물건을 들고 오는 사람도 있었다. 단순히 재배한 사람의 잘못으로 떠넘겨야 할까. 사실 송광매원의 잘못도 일부 있었다. 상품성이 떨어지는 씨매실 종자를 보급한 것이 문제의 근원이었기 때문이다. 검증을 거치지 않은 상태에서 무조건 씨매실을 심게 한 것이 훗날 상품성 없는 매실의 수확으로 돌아왔다. 일본에서는 씨매실을 코우메라고 부르는데 별도로 가공하여 작은 우메보시를 만들거나 바삭바삭한 식감의 카리카리 쯔게라는 상품을 만든다.

그러나 한국에서는 소비처가 없었다. 가장 만들기 쉬운 매실청을 만든다 하더라도 과육이 적어 설탕을 쓴 만큼 소득을 건지기 힘들었다. 현재 기술로는 매실주를 담그는 방법이 유일하지만 엄청난 투자가 필요하다.

사실 학습 능력이 떨어지는 농민들은 둘째 치고 기초적인 매실 재배법조차 무시하는 사람들이 더 큰 문제였다. 같은 씨매실이더라도 최소한 봄날 개화기에 어린 과실을 솎아주는 방식으로 단위당 매실 수량을 줄이면 매실의 씨알을 굵게 만들 수 있다. 그러나 손이 많이 가는 정석적인 방법은 팽개치고 대충 수확한 뒤 선별 작업을 요청한다. 그리고는 권 교수님께 분양받은 순수 토종 매실이라고 한다.

그때 당신이라면 어떻게 하겠는가? 나는 절대 그들을 빈손으로 되돌려 보낼 수 없었다. 그들에게 용기를 주어야 했기 때문이다. 그래서 전량 수매하고 몽땅 폐기처분한 적도 있었다. 재배 농가 한 곳이 아쉬운 판국에 굳이 등을 돌리게 만들 필요는 없었다.

어쨌든 생소한 작물이었던 매실은 이와 같은 과정으로 칠곡에 뿌리를 내리게 되었다.

오랫동안 해오던 일을 버리고 낯선 일을 시작하려면 용기가 필요하다. 나라고 다 잘될 줄 알고 시작한 것은 아니었다. 시작은 누구에게나 두렵고 떨리는 법이다.

인생을 미리 경험해보고 세상에 태어나는 사람은 없다.

농산물도 반품을 받습니다!

그렇게 계약재배 농가를 늘리던 시기는 마침 전국에 매실 바람이 불고 있을 때였다. 물론 생산량이 적어서 손익 구조를 따질 상황이 아니었지만 머지않아 매실의 대량소비 시대가 열리리라고 판단했다. 다시 말해 경쟁이 치열해질 것 같았다.

'어떻게 살아남을 수 있을까?'

무모한 가격 경쟁의 압박으로부터 벗어나서 제값을 받고 팔려면 친환경 유기재배로 차별화된 상품을 만들어야 했다. 그래서 국내 매실 최초로 유기농 친환경인증을 취득했고, 전국적 지명도가 있는 유기농 유통회사에 판매처를 확보했다.

그때 내건 우리의 판매 슬로건은 '반품 대환영'이었다.

신선도가 생명인 농산물에 반품이라니 이 무슨 말도 안 되는 소리냐고 반문할 수 있겠지만, 그러나 우리는 이 약속을 철석같이 지켰다.

사실 지금 생각해도 매우 위험한 발상인 것은 틀림없다. 그러나 아주 생각이 없었던 것은 아니다. 기껏 구입했는데 마음에 들지 않으면 어떻게 하겠는가. 반품이 안 된다면 돈만 버리는 것이다. 한번은 구입해도 다음 구입으로 이어지기는 힘들다. 변심한 소비자의 마음을 돌리기 위해서라도 반품은 필요하다고 생각했다.

그렇다면 반품 매실은 무조건 폐기 처분? 아니다. 소비자가 제때에 반품만 해주면 얼마든지 가공용으로 재생할 수 있으리라는 계산이 있었다. 무엇보다 반품이 없을 만큼 훌륭한 상품을 재배해야만 소비자의 사랑을 꾸준히 받을 수 있다는 판단이 크게 작용했다.

하지만 생각만큼 근사한 결과를 이끌어내지는 못했다. 실제로는 반품이 제때에 이루어지지 않는 경우가 많았고, 물류 배송은 늘 지연되기 일쑤였다.

"사장님, 반품 전화인데요?"

"그래? 받아야지 뭐. 이쪽으로 다시 보내달라고 해."

유기재배를 하면 품질은 향상시킬 수 있었지만 겉보기에 탐스런 매실을 재배하기는 힘들었다. 품질도 좋고 씨알도 굵은 토종 매실을 재배하려면 일정 기간 특별한 노하우가 축적되어야 가능하다. 한동안 품질은 하자가 없지만 볼품없는 매실이 많았다. 하지만 이를 알 리 없는 소비자로서는 얼마나 실망했을까. 처음 반품 요청이 들어왔을 때는 괜찮았다. 하지만 한 통으로 시작된 반품 요청은 곧 수십 통으로 늘었다. 반품을 받으면 왕복물류비를 이중으로 지급해야 한다. 이렇게 수년간 반품을 받고 나니 아무리 팔아도 남는 게 없었다.

그러나 언젠가부터 고질적이던 반품은 격감하기 시작했다. 매번 반품이 들어올 때마다 '이번에는 좀 더 엄격한 기준으로 선별해야겠다.'고 마음을 다지게 되었고, 이런 긴장감이 실제 선별 과정에 반영되었다. 초기에는 그저 크기별로 포장하면 끝이라는 단순한 생각으로 임했지만 나중에는 작은 흠 하나도 그냥 넘기지 않게 되었다.

선별이 단순한 작업처럼 보이지만 실제로는 그렇지 않다. 100톤 이상의 매실을 고르기 위해서는 작업 프로세스, 포장 용기 재질, 매실 저온저장 기술 등 일반인이 모르는 고도의 기술이 요구된다.

남들이 보기에는 참으로 고집스러워 보일 수도 있겠지만 나는 매실의 품질만이 모든 문제를 해결해주리라고 믿었다. 소비자들이 안심하고 살 수 있는 매실, 그래서 다시 찾는 매실을 만들기 위해 꾸준히 노력했다. 그렇게 기술이 조금씩 늘었고, 반품도 눈에 띄게 줄었다.

아직 끝은 아니다. 불만 제로, 반품 제로의 그날을 위해 오늘보다 나은 선별 작업, 품질 향상을 위한 분발이 필요하다.

3장

넘지 못할
산은 없다

농촌, 조금만 달리 보면
길이 열린다

우리 머리에 똬리를 틀고 있는 '농업'의 정의는 무엇인가. 흔히 우리가 생각하는 농업이란 '작물을 기르는 것'이 전부다. 논에다 벼를 심고 밭에다 콩을 심는 것처럼 작물을 심고 길러 수확하는 것이 농업이라고 믿는다. 하지만 농업을 재배에만 국한한다면 '옛날 농업'의 한계를 벗어날 수 없다. 나는 농촌을 달리 보고 싶었다.

농촌은 분명 흙속의 진주이다.

매실나무가 늘고 밭의 규모가 커지자 덩달아 수확물도 많아졌다. 농산물은 규격품이 아니기 때문에 생과로 팔지 못하는 작물도 생기기 마련이다. 그런 열매를 보면 안타까운 마음이 드는 것이 인지 상정.

"얘 정도면 괜찮은 것 같은데……."

꼭 돈이 탐나서 그러는 것이 아니다. 농부라면 자신이 키운 농작물이 마치 자식 같아 모두가 예뻐 보인다. 고생스런 재배 과정 때문에 보상받고 싶은 심리, 인정받고 싶은 심리도 작용하지는 모르겠다.

그러나 이유가 무엇이든 간에 선별이 엄격하지 못하면 상품에 대한 소비자의 신뢰는 점차 떨어진다.

버리자니 아깝고, 팔자니 신뢰가 떨어지고…….

이 진퇴양난의 문제를 해결하는 간단한 방법이 있다. 생긴 모양 때문에 울며 겨자 먹기로 탈락시켰던 매실을 부가가치가 높은 가공품으로 만들면 이 문제는 자연스럽게 해결된다.

가공을 하게 되면 여러 모로 유리한 점이 많다.

❶ 생과로 파는 매실의 품질 기준을 보다 엄격히 지킬 수 있다.
　남는 것은 가공하면 되므로.
❷ 계절에 상관없이 연중 매출을 올릴 수 있다.
　가공품은 유통기한이 길므로.
❸ 부가가치를 높일 수 있다.
❹ 다양한 제품을 만들 수 있다.

나 역시 이런 이유로 매실을 가공하기로 마음먹었다. 단순히 우메보시만 만들고 싶지는 않았다. 특히 우메보시는 일식당에 공급하는 것을 빼고는 딱히 수요가 있는 것도 아니었다.

그래서 택한 것이 가장 대중적인 매실청_{매실 농축액}. '천연 조미료'인 매실을 응용하여 '매실 고추장'을 만들거나, 회를 먹을 때 찍어 먹을 수 있는 '초고추장'도 좋을 것 같았다. 특히 초고추장의 경우 매실을 부재료로 사용하면 식중독을 예방할 수 있고 초고추장을 맛깔나게 만들 것이다. 또한 일본요리에서 보았던 최고급 요리의 소스, 즉 매실에서 추출한 흰색 간장처럼 새로운 음식재료를 개발하면 경쟁력이 있겠다고 판단했다.

가장 쉬운 일이
가장 어려운 법

나에게는 두 개의 농장이 있었다. 어린 토종 매실 묘목이 심어진 칠곡 농장과, 장성한 매실나무가 있는 권병탁 박사님의 팔공산 농장이 그것이다. 낙동강 칠곡 농장의 어린 묘목은 무럭무럭 자라고 있었지만 아직 수확까지는 3~4년이 필요했다. 반면 팔공산 농장은 재배 면적이 작긴 하지만 몇 십 년 묵은 성목이 열매를 맺고 있었다.

우선 손쉬운 매실청을 가공하기로 마음먹고, 신문에서 본 어느 농장처럼 큰 장독을 구입하기로 했다. 우선 장독 500여 개를 주문하여 매실을 담갔다. 그러나 매실을 담글 수 있는 장독은 채 반도 되지 않았다.

"사장님 큰일 났습니다!"

"무슨 일인데 이렇게 호들갑이야."

"자, 장독이……."

"장독이 뭐?"

차마 말을 잇지 못하는 직원을 다그쳐 물었다.

"매실 진액이 새어 나옵니다……."

마당으로 뛰쳐나갔다. 직원들이 발을 동동 구르는 곳으로 달려가 보니 장독 거죽에 매실 농축액이 줄줄 흐르고 있었다. 절반이 넘는 장독이 불량품이었다.

살 때까지도 몰랐다. 물을 퍼 담을 때도 알지 못했다. 하지만 간장이나 매실을 담으니까 장독의 미세한 틈으로 액체가 흘러내렸다. 웬 부실 장독이 이리도 많다는 말인가. 나중에 알고 보니 장독을 살 때는 반드시 틈이 있는지 없는지 확인해야 한다. 그럼 어떻게 확인할까. 장독을 사용하기 전에 소금 1, 물 5의 비율로 섞어 만든 소금물을 채우고 며칠 기다려 본다. 틈이 있는 장독은 소금물이 새어나와 거죽에 허옇게 소금기가 남는다. 이런 장독이 불량품이다. 하지만 그 사실을 알았을 때는 이미 길바닥에 돈을 뿌리고 난 뒤였다.

그뿐이 아니었다. 우여곡절 끝에 매실청을 담고 일일이 맛을 보러 다니던 어느 날이었다. 장독 뚜껑을 열어보니 알코올 냄새가 확 끼쳤다. 부글부글 거품까지 끓었다. 맛도 이상했다.

'어제 맛을 본 다른 장독은 안 그랬는데 여긴 왜 이럴까? 혹시 불량 장독 아니야?'

장독에는 아무 하자가 없었다. 원인불명. 땅이 꺼져라 한숨을 푹 쉬었다. 마침 햇살이 눈을 찌른다. 혹시?

햇볕이 문제였다. 양지 바른 곳에 있는 장독들이 뜨거운 햇볕에 가열되어 이상발효가 된 것이다. 곧 적당한 음지가 없는지 찾아보기 시작했다. 수소문 끝에 농장 가까운 야산에 토굴 하나를 발견했다. 햇볕도 들지 않는데다 서늘하기까지 하니 이보다 저장하기 좋은 곳도 없음직했다. 역시나 토굴에 옮긴 후에는 이상발효가 일어나지 않았다.

하지만 산 너머 산이라고, 문제는 여기서 끝나지 않았다. 토굴로 장독을 옮긴 어느 날, 다시 농축액을 맛보러 나갔다. 에고, 우리 속 썩이는 매실들 이번엔 별 탈 없겠지! 장독 안에 담긴 매실 농축액을 보니 마음이 설레었다. 색은 맑고 고왔고, 새콤하면서도 달콤한 향기가 코끝에 머물며 입맛을 돋웠다.

'음, 맛이 괜찮네.'

'이것도 나쁘지 않군.'

맛은 훌륭했다. 그런데 조금 이상했다. 더 먹어 보았다.

'음, 입에 착착 붙기는 한데 왜 방금 먹었던 것과 맛이 다르지?'

그랬다. 하나하나의 장독마다 맛은 좋았지만 맛이 제각각이었다. 그도 그럴 것이 같은 나무라도 가지마다 매실의 특성이 다른 법이 아닌가!

그러니 장독마다 맛이 다른 것은 당연한 일이었다. 어떻게 할까? 뾰족한 수가 없을까? 직원들에게 물어보니, 한결같이 그것도 모르냐는 듯이 쳐다본다. 그래, 섞자고?

곧 장독의 매실청을 한데 모아 배합한 후 맛을 동일하게 만들어 병에 담았다. 이제 팔기만 하면 끝이었다.

'이제 정말 끝났다.'

숱한 시행착오 끝에 매실청을 완성하고 나자 가슴이 뿌듯했다. 가장 쉽다고 여겼던 매실청이 이렇게 만들기 힘들 줄이야. 그러나 이번엔 용기가 문제였다.

매실청을 병에 담아 포장을 마쳤는데 뚜껑 사이로 스멀스멀 액이 새어나왔다. 어떤 것은 용기가 팽창하여 퍽 하고 깨지는 것도 있었다. 병에 담기 전에 살균 과정을 거치지 않았기 때문이었다.

부글부글 부아가 치밀었다.

걷지도 못하는 사람이
날려고 했다

'**왜** 이렇게 되는 일이 없을까?'

필라멘트의 재료를 찾기 위해 1만 번의 도전을 거듭했다는 에디슨의 얘기가 거짓말처럼 여겨졌다. 실패도 한두 번이지 하는 일마다 번번이 말짱 도루묵이라면 누군들 포기하고 싶은 마음이 들지 않겠는가. 밤새 잠을 이루지 못했다. 거실을 서성거렸다.

'근본적인 문제가 무엇일까?'

너무 쉽게 성공한 것이 문제가 아니었을까? 처음은 실패였지만 두 번째는 성공이었다. 그러나 성공은 다음 성공으로 이어지지 않았다. 운 좋게 뒷걸음질 치다가 쥐꼬리를 밟을 수는 있지만 순전히 운이었기에 다음에는 쥐꼬리를 못 밟는다.

식품가공의 기초적인 지식도 없이 단순히 책만 보고 따라 하려던 것이 계속되는 실패의 원인이었다.

나는 순순히 인정했다, 내가 얼마나 무식하게 일에 덤벼들었는지. 임시방편으로 문제를 해결하는 데 집중했을 뿐 '기초'를 잊고 있었다. 식품가공학을 바닥에서부터 공부해야겠다고 마음먹었다.

동이 트기를 기다려 아침 일찍 집을 나섰다. 알고 지내던 식품가공학과 교수님을 찾아가서 '사부, 한 수 가르쳐주십시오.' 다짜고짜 도움을 청했다.

"왜 하필 식품가공을 하려고 하십니까?"

교수님은 더 들어볼 생각도 안 하고 극구 만류에 나섰다. 당시엔 몰랐지만 훗날 왜 그런 말씀을 하셨는지 수긍하게 되었다. 정말 만만한 일이 아니었다. 어쨌든 당시에는 소귀에 경 읽기였다. 이 길이 아니면 안 된다고 철석같이 믿고 있었기에 '그러지 마시고, 저 좀 살려주십시오.' 바짓가랑이를 붙들고 늘어졌다.

"아니, 그게 마음만으로 되는 일이 아니라니까요."

포기를 종용하는 교수님을 억지로 설득하여 식품가공학 개론서를 한 아름 받아들고 돌아왔다. 책을 펴놓고 공부를 시작했다. 가공학에 관련된 책들은 닥치는 대로 읽었다. 그러나 대부분 전문서적인데다 일면식도 없는 낯선 단어들이 불쑥불쑥 튀어나와 어쩔 때는 한 페이지 넘기다가 하루해가 저물기도 했다.

'혼자 하는 공부는 무지만 견고하게 만든다더니 이렇게 읽어서는

진척이 없겠다.'

　어쩌면 나는 전생에 고목나무에 매달린 매미나 혹은 찰거머리가 아니었을까. 독학은 포기하고 대학교 식품 연구실을 찾아다니며 매달리기 시작했다. 식품전공을 하는 교수들과 친분을 쌓기 시작했고, 동시에 식품가공 관련 교육이나 세미나에도 발품 팔아가며 찾아다녔다. 그렇게 없는 시간 쪼개가며 돌아다니다 보니 국가에서 시행하는 식품 관련 연구개발 프로젝트를 함께 수행할 수 있는 교수님들도 만나게 되었다.

　평생을 이공계와 담을 쌓고 살아온 나에게 식품가공학은 별나라 이야기였다. 관련 지식은 마치 암호문 같아서 도저히 무슨 말인지 모를 때가 많았다. 책을 펼쳐도 흰 것은 종이요 검은 것은 글씨라 되풀이해서 읽어도 납득하기 힘든 내용이 숨어 있었다. 그럴 때는 밑줄 좍 그어서 전공하신 분들에게 찾아가 묻고 또 물었다. 얼굴만 봐도 '또, 너냐?' 하는 표정들이었지만 그래도 개의치 않고 수긍이 될 때까지 묻기를 반복했다.

　배우는 일은 참으로 즐거웠다. 우리가 먹을 수 있는 것은 음식뿐이라고 알고 있었는데 지식 역시 우리의 양식이었다. 작은 것 하나라도 배우고 돌아오는 날이면 밥을 먹지 않아도 저절로 배가 불렀다. 나날이 지식의 키는 커가고 있었고, 나는 조금씩 가공학의 세계로 다가가고 있었다. 식품가공학 사람들은 나만 보면 학을 떼면서도 '집념의 사나이가 나타났다'며 은근히 반가워해주었다. 사람

에 따라 내가 너무 집착하는 것처럼 보일 수도 있겠지만 나에게는
이런 행동이 나를 '살아 있게 만드는 어떤 힘'이었다.

나는 그 힘으로 첫 번째 가공 상품이자 나를 매실 CEO로 만들어
준 매실청을 탄생시켰고, 나아가 매실 초고추장, 매실 김치, 매실
식초 등 다양한 가공품을 만들기 시작했다.

우리의 다음 도전은 매실 초고추장이었다.

매실 초고추장을 만드는 원리는 참 간단하다. 초고추장에
매실청을 섞으면 그만이다.

그래서 우리는 다른 방식을 택했다. 절인 매실의 과육을 잘게 으
깨서 초고추장에 넣고 섞었던 것. 별것 아닌 것 같지만 이렇게 해
주면 입안에 미세한 식감이 퍼져 맛이 오묘해진다. 물론 이밖에도
잘 숙성시킨 고추장에 여러 부재료를 적당량 혼합하면 특별한 맛
을 낼 수 있다. 이처럼 다양한 매실 초고추장을 개발하기 위해 따
로 일식당 조리팀과 함께 레시피를 만들어보았다. 다 만든 레시피
는 손님들에게 평가를 부탁했다. 그중에서 제일 인기가 높은 레시
피를 선정하여 프랜차이즈 전 매장에 뿌렸다. 곧 반응이 왔다.

"조금 얻어 갈 수 있습니까?"

"이 초고추장, 어디서 파나요?"

매실 초고추장으로 회를 버무려 내오면 더 달라는 분들도 계셨
다. 자주 오시는 단골손님에게는 용기에 조금씩 담아 선물을 했

다. 물론 매실 초고추장을 대량생산 공정에 채택시키는 과정에서 원래의 맛을 잡아내지 못해 애를 먹기도 했다. 똑같은 레시피라도 양이 늘면 혼합 과정에서 오차가 발생하기 때문이다. 특히 양이 많다 보니 골고루 혼합하기 힘들었고, 그러면 곧 부재료들이 따로 놀았다. 그래서 현장직원과 함께 고민하고 전문가들을 찾아가 상담을 하는 등 수작업을 대체할 수 있는 기계를 만들어 문제를 해결했다.

뭐니 뭐니 해도 매실 가공품 가운데 가장 어려웠던 것은 매실 식초였다. 매실 식초를 만들 줄 알면 다른 식초는 눈 감고 만든다는 말이 있을 만큼 매실 식초 제조는 까다로웠다. 매실에는 당분이 없는데다 매실 자체의 살균력 때문에 알코올 발효가 쉽지 않기 때문이다. 별도의 당분이 들어있는 촉매제를 써보기도 했다. 그러나 결과는 실패. 이대로는 안 되겠다고 판단하고, 전국에 내로라하는 전문가들을 수소문해보았다. 그러나 신통한 답을 찾을 길이 없었다.

그러다 내가 경북도에 투자유치를 시킨 천연식품 회사 사장으로부터 해결책을 찾을 수 있었다. 그는 국세청 공무원으로 근무하던 시절 일본의 유명 식초회사 미츠칸에서 연수를 받게 되었는데 마침 5대 사장과 교분을 나누며 많은 노하우를 전수를 받았다고 했다. 그때 배운 식초 노하우로 30년 전에 식초공장을 창업하여 지금에 이른 것이다.

그는 내게 특수 균주를 공급해주었을 뿐 아니라 이 균주를 이용하여 매실 식초를 발효시키는 방법을 가르쳐 주었다. 또한 천연식품의 제조라인을 이용할 수 있도록 배려해주었다.

돌이켜 보면 뭐 하나 내 손으로 이룩한 일은 없다. 아무래도 농사나 가공은 내가 평생 해온 일이 아니기 때문에 남의 도움을 받을 수밖에 없다.

그런데 그들은 왜 나를 도와준 것일까?

하루는 대학교 연구실에 들렀더니 교수님 한 분이 이런 말씀을 하신다.

"요즘 대학생들 열의가 없어요. 눈빛이 흐릿한 게 꼭 병든 닭 같아요. 서 대표님처럼 어디 눈빛이 활활 타오르는 학생은 없나."

내가 잘하는 일에
답이 있다

상품을 만든 사람은 만들기만 하면 죄다 잘 팔릴 것이라고 믿어버리는 경향이 있다. 장기간 상품 하나에 몰두했기 때문에 좋은 점만을 보기 마련이다.

나 역시 그랬다. 완성과 동시에 불티나게 팔릴 줄 알았던 매실 가공품매실청을 비롯하여 매실 김치, 매실 초고추장 등은 그러나 나의 기대를 여지없이 무너뜨렸다. 친지들이야 인정상 거절키 어려웠으리라. 그러나 시장은 냉정했다.

인지도 없는 신규 상품은 판매처 자체를 마련할 수 없었다. 점심시간의 빌딩가 식당들처럼 발 빠른 선두주자들이 한 자리도 남기지 않고 판매대를 빼곡히 채우고 있었다. 소비자에게 어필할 수 있는 기회 자체가 차단된 것이다.

처음에는 상품과 카탈로그를 들고 무작정 판매처를 방문했다. 매일 일정표를 작성하여 전국을 순회했다. 그러나 입점은커녕 바이어와 상담하기조차 어려웠다. 부득불 틈새시장이라고 판단되는 매실 초고추장을 개발한 뒤 음식재료 유통회사를 통해 식당 등으로 판매를 시도했다. 다행히 상품에 대한 평가가 좋았고, 매출 또한 약간의 오름세가 있었다.

그러나 소비자용 주력 상품군은 좀처럼 판매처를 확보할 수 없었다. 포장이 정말 세련됐다고 입에 침이 마르도록 칭찬하면서도 '지금은 여건이 안 되니 나중에 기회 있으면 그때 해보자'는 말만 남길 뿐이었다.

2001년 6월 이대로는 안 되겠다고 생각하고 아는 인맥을 다 동원하여 대구 시내 유명 백화점에 처음으로 런칭을 했다. 그런데 백화점에서는 아예 별도의 판매대를 설치하고 집중적으로 팔아보면 어떻겠느냐며 우리에게 제의했다. 단 판매사원을 고정 배치하라는 조건이었다. 옳다구나 싶었다.

그러나 시장 반응은 참담했다. 판매원 월급, 백화점 수수료를 떼고 나면 제조 원가도 건질 수가 없었다. 처음에는 아직 홍보가 덜 돼서 그렇다고 여기고 1년을 밀어붙였다. 그래도 매출은 제자리였다. 1년 후에는 전문 판매원을 빼고 인삼 따위의 건강 제품을 파는 판매원을 공동으로 쓰기로 하여 인건비를 반으로 줄였으나 이마저도 1년을 버티지 못했다. 추석과 정월에는 쉴 틈 없이 몰려드는 손님으로 정신이 없었지만 평소에는 파리만 날렸다. 계절별 매출 편차가 심하니 연중 운영은 힘든 일. 이를 해결하려면 전국 규모의 유통업체에 입점을 하는 길뿐이라고 굳게 믿고 다시 발품을 팔기 시작했으나 경쟁업체가 선점하고 있는 상황이라 들어갈 자리가 없었다.

그렇게 판로 개척에 어려움을 겪으며 고통의 나날을 보낼 무렵, 하루는 문득 600년 묵은 토종 매실로 신문 기사가 났던 일을 떠올렸다. 덧붙여 나의 예전 직장이 신문사임을 상기했다.

'이런, 판로에만 집중하느라고 내가 가장 잘할 수 있는 홍보에는 무심했구나.'

사람은 한 가지만 생각하게 되면 그 외에는 잘 생각하기 힘든 모양이다. 어떻게 해야 판매처를 확보할 수 있을지 고민하느라 정작 내가 진짜 잘할 수 있는 신문 홍보기사는 아예 생각조차 못하고 있었던 것이다.

그 길로 젊은 시절 직장에서 익힌 노하우를 활용해 각 언론사에 기사원고 안을 만들어 상품 샘플과 함께 보냈다. 입안이 마르고 목이 타는 며칠이 지났다. 몇몇 신문사에 기사가 실렸다. 크게 실린 기사는 아니었지만 반응은 즉각적이었다.

"예, 송광매원입니다. 네, 매실 농축액이요?"

"감사합니다. 송광매원입니다. 네네, 매실 초고추장이요? 지역에 따라 다르지만 2~3일 내로 도착합니다."

"네, 그럼요. 토종 매실이 맞습니다. 유기농으로 재배해서 안심하고 드실 수 있습니다."

사무실에 울리는 전화소리는 즐거운 종달새의 노랫소리였다. 직원들도 신나는 모양이었다. 기사가 나가고 한동안 주문 전화가 이어졌다. 송광매원 홈페이지를 통한 주문 역시 늘어났고 더 놀라운 일은 재구매를 희망하는 소비자가 생겨났다는 점이었다. 또한 군소유통업체의 문의도 들어오기 시작했으며 신규로 유기농농산품의 유통시장에 뛰어든 대형업체와도 상담할 기회가 생겼다. 그들은 이미 타사제품과의 비교분석을 통해 우리 제품의 품질이나 디자인이 차별화되었다고 판단한 상태였다. 그래서인지 그들과의 구매계약은 상대적으로 우호적이었다. 그러나 빈 수레가 요란하다고 했나. 전체 매출은 생각보다 더디게 상승했다.

홍보기사의 효과를 눈으로 확인한 후 무언가 기삿거리가 될 만한 일을 찾기 위해 애를 썼다. 동일한 소재로는 기사를 반복해서 실어주기 힘들었기 때문이다.

마침 그 무렵 송광매원 매실은 국내 최초로 무농약 재배 품질인증을 획득했다. 기다리던 일이었다. '국내 최초'라는 것은 무엇보다도 사람들의 관심을 끌기 좋은 아이템이 아닌가. 곧 농산물품질관리원의 협조를 받아 기사 원고를 만들어 각 언론사에 송고했다. 개인 자격으로 홍보를 할 때보다 반응이 컸다. 예측이 들어맞자 비로소 뭔가 감을 잡은 듯했다.

옳지, 바로 이거다!

2년 만에 업계 최고로!
베스트 5(Best-Five) 선발전

2002년 말 우리는 매실 고추장을 들고 농수산식품부에서 주관하는 한국 전통식품 콘테스트 '베스트 5 선발전'에 출전했다. 사실, 이 대회에 출전하기 전까지는 먹잇감을 찾는 하이에나처럼 단지 기삿거리를 찾는 데 혈안이 되었을 뿐 대회 자체의 위상에 대해서는 까막눈이었다. 그래서 결과가 나오던 날도 '되면 좋고 아니면 말고' 하는 심보로 태연하게 있었다.

그날도 늦은 저녁을 먹고 막 쉬려던 참이었다. 밤 9시쯤 – 도시에서는 초저녁인 시간이지만 농촌에서는 깜깜한 밤이다. – 전화 한 통이 울렸다. 경북도청의 농산물유통 담당자였다. 말인즉슨 '베스트 5에 선발되었다.'는 얘기였다. 물론 기쁘기 그지없었다. 그런데 꼭 이런 늦은 시간에 전화를 해야 한단 말인가. 내일 아침에 해도 늦지 않을 텐데.

그런데 하는 말이 이렇다.

"내일 아침 10시에 수상식을 거행합니다. 반드시 정장을 차려 입고 오세요."

"아니, 이 시간에 전화를 해놓고 내일 아침, 그것도 머나먼 서울까지 올라오라니 이 무슨 아닌 밤중에 홍두깨입니까?"

"선발되셨으니 상을 타셔야지요?"

"참, 난감하네. 아니, 우리 경북도청 담당자도 있을 거 아닙니까. 그 분이 대신 수상하면 되잖아요."

내게 필요한 것은 상이 아니라 기삿거리임을 알 턱이 있으랴. 그러나 내 말이 떨어지기도 전에 버럭 화를 낸다.

"사장님, 이게 어떤 상인 줄이나 아세요? 그냥 동네에서 주는 상이 아니란 말입니다. 도대체 상 받을 자격이나 갖춘 분이 맞는지 의심스럽습니다."

그 말에 정신이 번쩍 들었다. 도대체 얼마나 큰 상이기에 저 양반이 이토록 흥분하시나. 나도 모르게 입이 죽 찢어졌다.

서둘러 밤기차를 타고 서울로 올라갔다. 행사장은 장관이었다. 현대식으로 지은 대규모 전시장에 입이 쩍 벌어졌다. 베스트 5에 든 것도 모자라 때마침 동시에 열린 제1회 전국벤처농업 투자 유치전에 우리가 '빅 6'에 포함되었다는 소식도 전해 들었다. 벤처농업 유치전은, 재배·가공·유통 삼박자를 아우르는 농기업을 육성하기 위해 마련된 투자 유치 대회로 이곳에 뽑혔다는 말은 전도유망한 농기업이라는 뜻이다. 겹경사였다. 얘기를 들어보니 '베스트 5'는 심사위원 숫자만 50명에 달하는 전국 규모의 큰 행사였다. 심사장에는 중계 카메라를 설치, 대형 모니터를 통해 심사 현장을 실시간으로 볼 수 있도록 투명하게 심사가 진행되었다. 그만큼 경쟁이 치열했단다. 특히나 식품 콘테스트는 선정 기준이 까다로워 예선을 통과할 정도면 맛은 이미 검증된 제품이라고들 입을 모았다. 마침 우리 제품은 포장디자인이 우수했는데 그것이 '베스트 5'에 선정되는 데 한몫했다는 평가였다. 마치 소비자가 낯선 제품군 가운데 하나를 선택할 때 디자인을 기준으로 고르는 것과 비슷한 이치였다.

'베스트 5'와 '전국벤처농업 빅 6'를 동시에 휩쓸고 나자 일약 스타가 된 기분이었다. 나는 2년 뒤인 2004년에 열렸던 다음 행사에서도 신제품 매실 김치를 출품하여 2회 연속으로 수상하는 영광도 안았다.

수상의 여파는 대단했다.

전국 언론사에서는 앞 다투어 기사를 내보낸 덕분에 송광매원 매실은 순식간에 전국적인 유명세를 타게 되었다. 농림부 담당사무관은 '베스트 5에 입상한 상품들은 서울에서 개최되는 국제식품박람회에 출품, 박람회의 간판인 메인 부스에 전시하여 홍보할 뿐 아니라 청와대 영빈관에 납품한다.'고 했다.

흥분되는 일이었다. 예로부터 왕에게 진상하는 음식은 그만큼 모두가 탐내는 귀한 상품이라는 뜻이 아닌가. 오늘날까지도 어전에 바쳐진 진상품이라고 광고하는 것을 보면 진상품이란 곧 명품임을 세간이 인정한다는 의미다. 우리 송광매원 식구를 비롯하여 지역 관계자들 모두 기뻐했다. 경북도청 담당계장님은 나보다 수상을 더 반겼다.

"짧은 경력에 이렇게 권위 있는 상을 타게 되시다니 서 사장이 정말 존경스럽습니다."

"아니, 저는 어리둥절할 뿐입니다. 계장님이 이렇게 저희를 발굴하여 추천해주지 않으셨으면 감히 이런 자리에 올 수 있었겠습니까? 정말 감사합니다."

"아닙니다. 담당자로서 응당 해야 할 일을 했을 뿐입니다. 행사를 마치고 돌아가면 도지사님을 뵐 수 있도록 자리를 마련해 놓았습니다."

"예? 도지사님을 뵙는다고요?"

"물론이지요. 우리 도에서도 자랑할 만한 일이 아닙니까?"

그렇게 도청을 방문하여 도지사도 만났다. 수상의 치하와 함께 당선된 매실 고추장을 도청 공식선물로 채택하여 많은 양을 구매해주었다.

얼마 뒤에는 청와대 영빈관의 기념품 판매장에 상설 전시판매를 할 수 있는 특전을 얻었으며 명절 때는 대통령이 보내는 선물에도 포함될 수 있었다. 청와대 선물 자체는 매출이 크지 않았다. 그러나 청와대 선물은 대기업 선물 리스트에 포함되기 때문에 곧 주문이 쇄도했다.

그보다 반가운 것은 대형 할인점인 E사와 H사에서 입점 제의가 들어왔다는 사실이다. 두 군데를 놓고 행복한 고민에 빠졌다. 동시 입점이 불가능했기 때문에 그중 규모가 큰 곳과 계약을 맺었다. 대한민국에서 손꼽는 대형업체에 입점하고 나니 자연스럽게 지명도가 올라가고 다양한 군소업체들의 입점 문의가 늘었다.

나는 이렇게 언론에 홍보했다

순전히 기삿거리를 만들기 위해 공모전에 출품하는 것은 앞뒤가 맞지 않은 정책이다. 품질의 우수성을 검증받고 브랜드 신뢰도를 확보하는 것이 우선이다.

어쨌든 그렇게 품질을 높이며 각종 공모전과 수상 대회에 도전하다 보니 그만큼 수상 실적도 좋아졌다. 2003년 경북도 벤처농업인 지정, 2002년과 2004년 한국전통식품 베스트 5 연속 선정, 제2회 전국벤처농업 창업경연대회 최우수상 수상, 경북도 농정대상 수상, 경북도 우수명품 선정, 농림부신지식인 선정, 경북농수산아이디어 제안상, 농진청의 아름다운우리농산물 가공상 등 등 아마 지금까지 받은 상장만 해도 수십 장에 달하는 것 같다. 현재도 새로운 공모가 생기면 어김없이 준비에 나선다.

특히 단기간에 여러 개의 상을 수상하면 기획기사를 작성할 수도 있다. 즉 '피플'이라든가 '농경제인', '바로 이 사람' 등에 자료를 만들어 알고 있는 기자들에게 전송하면 몇 군데는 기사가 실리고, 그 기사를 접한 고개들은 송광매원에 대한 신뢰를 갖게 된다. 최근에는 카페 활동을 통해 동호인들에게 송광매원과 나에 대해 알리면서 많은 호응을 얻기도 했다.

이러한 기사를 통해 인지도와 신뢰감이 쌓이게 되고, 그러면 바이어가 저절로 찾아온다. 이 과정이 반복되어 점차 다양한 유통업체에 입점하거나 제휴를 맺게 되면 곧 전국적인 유명 브랜드가 될 날도 머지않으리라 생각한다.

나는 다음의 네 가지 원칙을 준수하며 언론 홍보를 준비했다.

1. 관련 언론인의 이메일을 수집하여 별도의 데이터를 보유한다. 지속적인 업그레이드로 데이터를 늘 살아 있게 만든다. 한번이라도 송광매원을 취재했던 기자는 물론이요 우연히 알게 된 기자도 이메일을 받아두었다가 수시로 연락을 취한다. 홍보거리가 생길 때마다 자료를 정리하여 메일로 보내준다.

2. 참신한 기삿거리를 발굴해야 한다. 수상이 되었든, 톡톡 튀는 아이디어가 되었든, 지역에 봉사 활동을 했든 상관없다. 중요한 것은 남들이 하지 않은 홍보거리를 만들어야 한다는 사실이다. 기자를 대신한다는 생각으로 홍보거리를 찾아보자. 생각보다 많은 기사를 찾을 수 있다.

3. 기자들은 바쁜 사람들이다. 그들의 관점에서 기사를 대신 쓴다는 생각으로 보도 자료 작성을 연습한다. 보도 자료 작성은 사업계획서 작성과도 맥이 닿아 있는 만큼 평소 훈련을 통해 문장과 사고력을 갈고 닦도록 한다. 이를 위해서 상품 관련 기삿거리를 평소에 정리해두는 습관을 기른다. 그러면 문장력도 늘게 된다.

4. 사회에 유익한 기사가 좋다. 사람들에게 도움을 주는 소재면 금상첨화가 된다.

세계 최고 매실 산지 오오야마 개최 매실올림픽에 출전하다

인생이 그렇듯이 모든 일은 꼬리에 꼬리를 물고 이어진다. 대형 할인점에 입점하고 나자 수출에 대한 상담 요청이 시작되었고, 동시에 전_全 일본 매실가공품 경진대회에 출사표를 던지게 되었다. 일본 매실과 겨룬다는 말은, 반대로 일본 김치 업체가 우리나라 김치 콘테스트에 출전하는 것과 똑같이 무모하면서도 짜릿한 도전이었다.

어느 날 평소 알고 지내던 교수님이 오오야마의 농촌관광 현황을 조사하러 출장을 가게 되었다. 오오야마는 전 세계에서 가장 유명한 매실 산지였다. 한국의 토종 매실을 알리고 싶은 마음에 교수님께 송광매원 매실 고추장과 장아찌를 방문 기념품으로 가지고 가시면 안 되겠느냐고 제안을 드렸다. 바리바리 선물을 싸서 교수님을 배웅했더니 얼마 뒤 교수님으로부터 연락이 왔다.

"서 대표, 일본으로 수출할 생각 없어?"

"예? 수출이라뇨?"

"저번에 서 대표가 선물하라고 줬던 매실 고추장하고 장아찌 기억하나? 그걸 관계자들한테 선물했는데 꼭 수입하고 싶다고 하더라고. 반응이 아주 좋았어."

우리의 고추장과 장아찌를 맛본 오오야마 측 관계자들이 일정을 마치고 귀국하려는 교수님을 일부러 찾아와 '꼭 수입하고 싶다.'고 요청했다는 것이다. 내가 어찌 이 일을 잊고 있겠는가.

그런데 수출에 관한 실무 협의를 진행하는 과정에서 그곳이 4년마다 일본 매실가공품 경진대회가 열리는 곳임을 알게 되었다. 은근히 출품 욕심이 났다. 벌써 8회째 진행되는 이 매실올림픽에서도 우리 매실이 통할 것 같았다. 일단 매실 장아찌_{우메보시}를 샘플로 보냈다. '아주 훌륭하다.'는 답변이 돌아왔다. 덧붙여 '외국에서 한 번도 출품을 한 적이 없다. 화제가 될 것 같다.'며 주최 측에서도 반기고 있다고 했다. 무엇보다 나를 기쁘게 했던 것은 충분히 입상권에 들 만한 실력이라는 말이었다.

오오야마는 매실을 재배하여 주민 전체를 하와이로 여행시키면서 유명해진 곳으로 획기적인 농촌 살리기의 모범으로 꼽힌다. 또한 이 고장은 일촌일품一村一品, 즉 마을마다 고유한 특산품을 만드는 농촌 운동의 발상지로 농촌 개발을 연구하는 한국 학자들 사이에서도 잘 알려져 있었다. 그런 고장이 자랑하는 축제에 참여할 수 있다니, 주저 없이 출품 준비에 착수했다. 그렇게 출품을 마치고 발표 날만을 손꼽아 기다렸다. 이 대회에서 입상한다면 세계 수준의 매실과 어깨를 나란히 한다는 말이었다.

"결과 발표한답니다."

"그래?"

입이 바짝바짝 마르고 이마에 식은땀이 흘렀다. 그동안 숱한 일을 겪었지만 그날처럼 긴장한 적은 처음이었다. 마침내 결과가 발표되었다. 그러나 아직 오르지 못할 나무였는가, 본선까지는 통과했으나 수상에는 실패하고 말았다.

그런데 바로 다음 순간, 이상한 일들이 벌어졌다. 일본 주최 측에서 매우 난감해 하기 시작했다. 수상에서 고배를 마신 이유를 설명하는 과정에서 색상 문제가 거론되었기 때문이다. 색상 문제라니, 이 얼마나 얄궂은가. 매실 장아찌에도 표준색도가 있을 것이고, 그 기준은 색도계로 측정하면 누구나 알 수 있는 지극히 과학적인 상식이었다. 굳이 본선에서 심사할 필요 없이 예선에서 떨어뜨리면 그만이다. 그런데 본선 심사평으로 '색깔' 운운했다는 것은 뭔가 입김이 작용했다는 암시였다. 더구나 출품하는 과정에서 주최 측 담당자들도 우리가 만든 매실 장아찌는 때깔이 곱다고 입을 모아 칭찬했었다.

주최 측 사람들은 '뭔가 내막이 있다. 심사위원들이 일본의 자존심을 우선시했던 모양이다. 그래서 한국인에게 본상을 주는 것이 용납되지 않은 것 같다'고 말했다. 한마디로 심사위원들이 이상한 애국심을 발동시킨 것 같다는 말이었다.

이런 사실은 당시 후지 TV, 서일본신문사 기자들에게 알려져 '여전히 성숙하지 못한 문화적 차별'이라는 제목으로 기사화되기도 하는 등 적지 않은 논란을 불러일으켰다.

아쉬운 마음을 감출 수 없었지만 별 수 없었다. 이 또한 내 복이려니 하고 한국행 비행기에 몸을 실었다.

대회가 끝난 후 주최 측과 심사위원들 사이에 장기간 갈등이 지속되었다는 얘기를 들었다. 얼마 후 오오야마의 지자체장인 정장町長이 나에게 비공식적인 사과를 전해오며 우리 농장에 답방하겠다고 연락이 왔다. 이 대회에서는 출품 지역의 위치를 표기하는 '대회 지도'를 전시하는데 우리를 위로하는 차원에서 대한민국을 지도에 포함시켜 주었다. 또한 우리 제품을 수입하여 지역 전체 매장에 진열하기 시작했다. 나아가 효과적인 판촉을 위해 매년 매화 축제 기간에 특설매장을 마련하여 직판 행사를 할 수 있도록 배려도 아끼지 않았다. 이를 계기로 매년 일본 도쿄에서 열리는 푸드재팬의 국제전시회에 출품할 기회도 잡았다. 새옹지마 노인도 울고 갈 전화위복이었다.

어쨌든 그해 5월, 오오야마 정장 일행이 공식 답방을 요청하는 전갈을 보내왔다. 오오야마 정장의 방문은 자체로 이슈거리였다. 실리콘밸리가 최첨단 IT를 상징하는 장소라면 오오야마는 농촌 혁신의 선두주자였다. 그곳의 지자체 수장이 자신들보다 한 수 아래라고 여겼던 타국의 매실 업체를 방문한다는 것이다.

드디어 오오야마 정장이 방문했다.

"어서 오십시오. 여기가 송광매원입니다."

"아, 정말 아름다운 곳입니다."

"아닙니다. 아직 부족한 부분이 많습니다."

"제가 보기엔 발전 가능성이 무궁해 보입니다."

그날 송광매원은 낙동강 농장에서 지역 농업전문가들과 함께 농촌관광의 발전에 관한 세미나를 개최했다. 오오야마 정장은 아직 부족한 농장을 돌아보고는 발전가능성이 충분하다는 진단을 내려주었다. 한편 나는 그 자리에 참석했던 농업관계 공무원과 학자들의 눈에 '인텔리 파머'로 각인되어 서로의 말을 경청해주는 사이로 발전했다.

홍보에 비결은 없다. 홍보만을 잘 한다고 인기 없던 상품이 잘 팔리는 것은 아니다. 품질이 높고, 수요가 있을 때 비로소 효과를 발휘하는 것이 홍보이다. 나는 홍보란 기자가 만드는 것이 아니라 결국 상품 자체가 만든다고 생각한다.

"남이 나를 알아주지 않는다고 성내지 말라."

날카롭게 벼린 송곳이 주머니를 뚫고 나오듯이 좋은 상품이라면 언젠가는 별 뜰 날이 찾아온다. 그러므로 누가 나를 알아주지 않는다고 성내지 말자. 스스로 실력을 갈고 닦으며 때가 무르익기를 기다리자. 때가 되면 모든 일은 저절로 풀린다.

● 송광매원의 주요 수상 실적

연 도	주요 수상	기 관
2002년	제6회 경북관광기념품공모전 장려상 / 특선	경상북도
	제5회 전국관광기념품공모전 입선	경상북도
	한국전통식품 BEST 5 동상	한국식품개발연구소
2003년	한국벤처농업대학 최우수논문상	한국벤처농업대학
	제7회 경북관광기념품공모전 특선	경상북도
	제2회 우리농·특산물공모전 아이디어상	농촌생활연구소
	신지식농업인 농산물가공부문	농림부
2004년	제8회 경북관광기념품공모전 입선 / 특선	경상북도
	벤처농업창업경연대회 최우수상	농림부
2005년	제3회 지식농업창업경연대회 최우수상	농림부
	우수산업디자인	조달청
	경북농정대상 농수산물수출부문 대상	경상북도
2006년	제5회 우리농·특산물공모전 아이디어상	농업과학기술원
	클린사업장인증	노동부
2008년	*신지식농업인	한국신지식 농업회
2010년	농업의 날 산업포장	농림부

* 2003년 농림부 신지식인과는 별개

4장

때로는 쓴잔을
들이켤 때도 있다

막다른 골목에 서다

판로를 개척하기 위해 홍보 활동에 매진하던 어느 날 농수산 홈쇼핑에서 방송에 나가보지 않겠느냐며 제의가 들어왔다. '드디어 방송에 진출하는구나.'

기본적인 서류 심사는 무사히 통과하고 마진율 협상도 척척 진행되었다. 이제 입점 계약까지는 최종 실사만 남았다. 담당부서인 농수산방송 품질관리 부서에서 전화가 걸려왔다.

"예, 오늘쯤 방문하겠습니다."

설렘도 잠시, 현장평가를 나온 품질 관리 담당자는 실망감을 감추지 못했다. 담당자는 발을 들여놓기도 꺼림칙했던 모양이다. 그는, 지명도 높은 송광매원의 제조시설이 어떻게 공장도 아닌 가내

수공업의 형태를 하고 있느냐며 따지듯이 말했다.

 '매실청을 만들어내는 공정 과정은 어느 정도 눈감아 줄 수 있다, 그러나 매실 고추장 같은 소스를 어떻게 비닐하우스에서 만들 수 있는지 도무지 납득하지 못하겠다. 품질을 보장할 수 있겠느냐' 담당자는 불량 식품 제조 현장이라도 발각한 사람처럼 격앙된 목소리로 말했다.

 결론은 자격 미달. 방송 계획을 잡아놓은 엠디MD에게는 차마 뭐라고 말해야 좋을지 몰랐다.

 설비 문제는 진작부터 마음에 걸렸다.

 식품의 안정성 논란은 끊이지 않았고, 규제는 날로 강화되고 있었다. 공장 등록을 마치지 않으면 기존의 판매처도 계약이 파기될 판이었다. 당시에는 비교적 품질관리가 느슨할 때라 공장 심사는 없었다. 그러나 대기업에서부터 설비 심사가 강화되고 있었다. 바야흐로 심사 강화의 거대한 물결이 이곳 송광매원에까지 미쳤던 것이다.

 평소 우리에게 호의를 베풀던 칠곡군청 위생계 담당계장님도 우리 때문에 골머리를 앓고 있었던 모양이다.

 "서 대표님, 잠깐 약주 한잔할 시간 있소?"

 "예, 제가 일 끝나는 대로 그쪽으로 가겠습니다."

 식당에 도착하니 계장님이 어두운 표정으로 나를 맞는다.

 "서 대표, 이제 공장을 설립하는 건 어때요?"

"공장이요?"

아무리 챙겨주고 싶더라도 한계는 있는 법. 식약청에서 점검을 나올 때마다 늘 마음을 졸였던 계장님은 이런 불안한 상태로 지속하는 것은 위험하다며 제조업을 하려면 공장시설을 갖추어야 한다고 충고했다. 마침 주변대학의 부설 공장장에게 직접 부탁하여 업소의 위생점검 일지와 위생점검표 등 식약청 검사를 대비하여 어떻게 서류를 작성해야 하는지 가르쳐주라고 했단다. 도와주시는 것은 고마웠다. 그러나 한번 해보겠노라고 딱 부러지게 답변하지 못한 채 헤어졌다.

며칠 뒤였다. 이웃 공장에서 다급한 전화가 왔다.

"단속이 떴답니다."

전화를 끊자마자 하던 작업을 멈추고 도망치듯 제조장을 빠져나왔다. 인적이 드문 산 뒤편에 앉아 있으려니 이게 뭐 하는 짓인가 푸념도 들었다.

계장님의 충고에 이어, 식약청 단속반을 피해 도주하는 일까지 벌어지고 나니 공장 건립의 염원은 점차 커졌다.

당시 우리의 생산량은 하루 3천 병이었다. 수작업으로 모든 일을 진행하는 것은 무리였다. 우리가 쓰는 마이크로 필터는 금세 막혀버려 자주 교체해야 했다. 그때마다 번번이 라인 가동을 멈추어야 했는데 허비하는 시간도 그렇지만 필터 값도 결코 만만치 않았다. 더 중대한 문제는 뚜껑이었다. 뚜껑은 정확한 압력으로 닫아야 소비자가 쉽게 열 수 있다. 그래서 자동화된 캡핑기가 필요한 것이다. 그러나 수작업으로는 일정한 압력을 가하는 일이 쉽지 않았다.

하지만 무엇보다도 자동화 시설을 갖추어야 하는 이유는 합리적인 위생 기준에 부합하기 위해서였다. 이것은 농장의 존립 문제였다.

나도 제작의 모든 과정이 투명하고 떳떳하길 바랐다. 그러나 공장 등록을 하려면 기계설비와 공장건물 등 기초적인 시설비 부담이 엄청났다. 이미 모든 재원을 기존 농장 운영에 투입하여 여윳돈이 없는 상태였다.

'이제 그만 해야 하나.'

'여기까지 힘들게 달려온 것이 모두 물거품으로 돌아가는 건가.'

앞이 보이지 않았다. 그동안 밤낮없이 달려온 농식품 제조업을 향한 꿈이 막다른 골목에 이른 것은 아닌지 두려웠다.

그러던 어느 날 뜻하지 않은 전화 한 통이 마치 동아줄처럼 하늘에서 내려왔다.

"서명선 대표님이십니까?"

"예, 그런데요? 실례지만 어디십니까?"

"경북도청의 농정과장입니다. 지난번에 한 번 뵌 적이 있는 걸로 아는데 기억하시나요?"

"아, 물론입니다. 잘 지내셨어요?"

"네, 바쁘실 테니 용건만 말씀드리도록 하겠습니다. 서 대표님,

공장 지으셔야 하지 않으십니까?"

"공장이요?"

농정과장은 도청에 한번 들르라며 통화를 끊었다. 내용인즉 지역 특화 시범사업이라는 농수식품부의 국가보조 사업이 있는데 각 지역에 공문을 보냈으나 참여 농산업체가 없다고 했다. 비용은 50%가 지원되고 50%는 자부담을 해야 하는 사업이었다. 전화를 받기 전까지 이런 사업이 있는 줄도 몰랐다. 물론 그동안 제대로 된 공장을 설립하기를 바라고 또 바랐던 나로서는 마다할 이유가 없었다. 가뭄에 내리는 단비와 같은 소식이었다.

진행 과정은 1) 사업계획서 제출, 2) 시 · 군의 심의를 거쳐 도청을 경유, 연말쯤 농림부에서 최종 심사 3) 이듬해 사업 진행을 위한 예산 편성이었다.

전화를 받은 그날 밤부터 심사를 위한 준비에 돌입했다. 낮에는 매원 일로 눈코 뜰 새 없이 바빴다. 해가 뉘엿뉘엿 질 무렵에서야 사무실 책상 앞에 앉았다. 그동안 사업계획서로 잔뼈가 굵은 나였지만 '공장 설립'은 중대한 사안이라 온 신경을 집중해야 했다. 사업계획을 세우는 데 몰두하다 보면 어느 새 쌀쌀한 새벽이었다. 나뿐 아니라 직원 모두가 긴 밤을 하얗게 새웠다. 그만큼 놓치고 싶지 않은 기회였다.

다행히 평가를 잘 받아 2005년도 사업자로 선정되었다. '판매처 확보 없이 무리하게 공장을 설립했다가 판매 부진으로 문을 닫는 곳이 많다. 그런데 송광매원은 어느 정도 판매처를 확보해놓고 있다.' 좋은 평가를 받은 이유였다. 적법하고 위생기준을 갖춘 농기업으로 성장하라며 성원해주는 담당자의 말에 이미 공장을 완공한 것처럼 가슴이 뿌듯했다.

그러나 불행히도 예산은 10억에서 7억으로 줄었다. 계획대로 진행하려면 자부담을 더 늘려야 할 판이었다. 그러나 이렇게라도 도와주는 농정당국이 한없이 고마웠고 어렵사리 담보를 내어 숙원사업이던 공장 설립의 첫 삽을 떴다.

● 정부 지원 사업, 어떻게 진행되나?

Question	Answer
당시 송광매원에서 응모했던 지원 사업은?	2005년도 농수식품부의 지역특화발전 지원사업
사업의 목적은 무엇인가?	경쟁력 있는 지역 농업 작목의 발굴
어떤 내용을 심사하는가?	▶ 정부의 하드웨어 지원이 해당 농기업을 발전시키는 데 도움이 되는가? ▶ 농업계에 파급 효과를 미치는가? ▶ 사회적 공헌이 가능한가?
어떤 과정을 거치는가?	우선 광역지자체에서 1차 공개 선별을 거쳐 중앙부서에 후보를 천거한다. 그러면 농수식품부에서 심사평가단을 구성하여 사업의 타당성을 평가한다.
지원 비율은 어떤가?	국비 25% : 도비 7.5% : 시군비 : 17.5% : 자부담 50%
조건은 없는가?	부동산건물은 10년 동안, 동산기계·장비 등은 5년 동안 정부가 지정한 사업 목적으로 의무 활용해야 한다. 이후에는 마음대로 처분해도 상관하지 않는다. 예외적으로, 만약 재개발 등으로 불가피하게 수행이 어려울 때는 부동산은 1년마다 10%씩 동산은 1년마다 20%씩 감액하여 나머지 금액은 국가에 반납해야 한다.
다른 사업도 이와 비슷한가?	그렇다. 대체로 이런 틀 안에서 이루어진다.

시련은 우리를
강인하게 벼려준다

귀농을 결심할 때는 귀농과 동시에 모든 문제가 해결될 것 같았고, 매실청을 만들기로 작정했을 때는 만들기만 하면 날개 돋친 듯 팔릴 줄 알았다.

그러나 이번에는 아무것도 기대하지 않았다. 나는 이 벽을 돌파해야겠다고 다짐했다.

우리가 목표로 삼은 공장 가동률은 연간 30%였다.

현재 우리 공장의 하루 생산량은 8천 병. 100% 가동하면 1년 292만 병을 생산한다. 한 병당 적게 잡아 5천 원이라고 가정하면 연간 매출액이 무려 146억에 달한다. 그러면 아무 문제가 없다. 그러나 100% 가동률은 꿈이고, 현실적으로 30%만 가동을 해도 연간 44

억의 매출을 거둘 수 있다. 이 정도 매출만 거두어도 이 작은 공장으로서는 대단한 성공이다. 그래서 30% 가동률을 목표로 잡았다.

내가 공장 건립에 회의적이었던 이유는 과연 대기업이 장악하고 있는 제조업 시장에서 이처럼 코딱지만 한 규모의 공장이 살아남을 수 있을까 하는 의구심 때문이었다.

대기업은 일일 생산량이 최소 15만 병 이상이다. 몇몇 중소업체에서 15만 병 규모의 생산설비를 갖추고 있지만 대개 대기업에 납품하는 하청업체이다. 요컨대 대기업 아니면 쉽게 뛰어들지 못하는 구조이다.

이런 사정 때문에 15만 병 이하의 생산설비는 고철이 된 지 오래다. 생산시설만 갖추면 금방 부자가 된다고 착각하는 농업인도 많고, 더구나 정부에서 2차 가공산업을 장려하니 멋모르고 뛰어들었다가 실패를 겪는 사람도 드물지 않다. 어떤 위험이 도사리고 있는지는 경험해보지 않고는 깨닫지 못하는 것이 이 바닥이다.

당시 나에게 필요한 것은 아이디어가 아니었다. 산전수전 다 겪은 베테랑의 지혜였다.

사업자 선정이 된 직후 나는 경험 많은 공장 책임자들을 찾아 다녔다. 사실 식품가공 공장뿐 아니라 모든 공장이 규격화된 제품을 찍어내는 것이 아니기 때문에 시설은 저마다 다를 수밖에 없다. 우리에게 필요한 기능을 설비에 제대로 담으려면 어떻게 해야 할까. 나보다 먼저 공장을 지어보고, 시행착오를 거치며 나름대로 노하우를 축적한 선배 사장들을 수소문하여 자문을 구했다.

다음은 공장 건물 문제. 공장 건물은 그럭저럭 지을 수 있을 것 같았은데 오폐수 정화처리장 비용이 만만치 않았다. 건축비가 5억인데 폐수정화처리장에 2억이 소요되었다. 배보다 배꼽이 더 크다. 이 비용을 감당하기 어려워 결국 폐수가 생기지 않는 방법으로 공정을 개선하고 제조 품목의 종류를 줄여서 폐수정화처리장 설치를 면제받았다. 위생법상에서는 단순히 매실을 세척하는 것도 폐수로 규정하기 때문에 매실은 각 농가와 농촌지역에서 직접 세척하기로 했다.

기계 설비도 생각보다 엄청난 고가였다. 우리에게 필요한 설비는 농축액을 만드는 병입 라인이 주력이다. 그런데 식품 기계는 위생 문제로 스테인리스재질로 만들어야 하고 공정마다 자동화 센서를 넣어야 했다. 예산이 턱없이 모자랐다. 마음 같아서는 훗날을 대비해 HACCP위해 요소 중점 관리 기준, Hazard Analysis and Critical Control Points 기준에 부합하는 설비를 갖추고 싶었지만 당장 코앞의 일도 처리하기 힘든 상황이었다. 초기, 사업계획서를 꼼꼼히 체크하지 못한 것도 한 이유겠지만 10억이라는 돈은 결코 충분한 예산이 아니었다. 계획을 짤 때마다 돈의 장벽에 가로막혔다. 하지만 이대로 주저앉을 수는 없는 노릇이었다. 그동안 날 믿고 따라준 사람들은 어떻게 한단 말인가.

'분명히 예산을 줄일 수 있는 부분이 있을 거다.'

그날부터 전국에 있는 식품 기계 공장을 수소문하기 시작했다. 어딘가 더 낮은 가격에 구입할 수 있는 기계가 있을 것 같았다. 며칠이 지났을까. 마침 주문받은 기계를 제작해 놓았으나 수주회사가 부도를 내는 바람에 애물단지로 전락한 기계 하나를 발견했다. 식품 공장 가공설비는 처음 만들 때는 엄청난 거액이 들지만 막상 필요가 없어 팔려고 하면 가격이 뚝 떨어진다. 특정 기능을 위해 만든 설비인 경우는 가격의 낙폭이 더욱 심했다. 덕분에 비교적 싼 가격에 설비를 갖출 수 있었다.

제조 설비를 들여놓을 때도 문제가 따랐다. 설비를 작동하고 보수하는 전문 인력을 어디서 구해야 할까. 도심 인력이 과연 이런 촌구석까지 오려고 할까. 설사 오겠다고 하더라도 그만큼 임금으로 보전해 주어야 하는데 비용은 어떻게 감당하고.

이런 사안 하나하나를 몸으로 부딪치며 해결했다. 기계 장비의 작동 방법은 알 때까지 물어보며 직접 배웠다. 물론 쉽지 않은 일이었지만 달리 방도가 없었다.

현재 매출 30억을 만드는 공장은 이런 우여곡절을 거쳐 탄생했다.

조촐한 공장 준공식에는 정말 많은 분이 오셔서 축하해주었다. 그 고생을 치르면서 기어이 완공된 공장을 보니 가슴이 뭉클했다. 항상 가슴 졸이며 제조설비를 갖출 때까지 노심초사 함께 걱정해주시던 위생 담당계장님, 공장을 지을 수 있도록 용기를 불어넣고 정부 지원의 길을 터주신 도청 담당과장님, 갑작스럽게 사업계획서를 들이밀어 난처하게 만들었으나 군수를 비롯한 군 위원을 한 분 한 분 만나 군청 예산을 확보해주신 산업과 담당과장님, 공장의 설비를 갖추는 동안 밤늦은 시간에도 불구하고 지도해주신 주변의 식품공장 공장장님 등 주위 분들의 도움이 없었다면 결코 이룩할 수 없는 일이었다.

그분들의 은혜에 보답하기 위하여, 나보다 열악한 환경에 처한 주위의 매실 농가를 위하여, 나를 믿고 따라준 가족들과 귀농 동지들인 송광매원 직원들의 안녕을 위하여 반드시 성공해야겠다고 마음속 깊이 다짐한다. 이제는 정말 모든 것이 잘될 것 같았다.

못 들어가서 안달인
대형 유통사를 자진 퇴점하다

모든 일에 우여곡절은 따르기 마련. 공장 건립은 무사히 마쳤으나 대형 마트 입점은 좋지 않은 결말로 이어졌다.

사실 한국전통식품 베스트 5에 입상한 뒤 우수 바이어에게서 전화가 걸려왔을 때만 해도 '고생 끝 행복 시작'인 줄 알았다. 마침 마트에 입점해 있던 업체가 나가면서 자연스럽게 기회가 찾아왔던 것이니 운도 따른다고 생각했다.

그동안 발로 뛰면서 얼굴을 익히고, 수시로 안부 묻고 대화하면서 연결고리를 만들고, 상품의 품격을 갖추기 위해 얼마나 애를 썼는가. 그런 노력이 곧 판로 개척으로 이어진 것이니 대형 마트로부터 입점 제의가 들어왔을 때는 하늘을 날듯이 기뻤다.

E사의 전국 지점 입점을 시작으로 우리나라 빅3 백화점인 L사, S사, H사에도 들어갔다.

이렇게 우수 유통업체에 입점한다는 말은 제3자에 의해서 상품의 우수성이 검증받는다는 것이기 때문에 기타 군소 백화점이나 할인점, 농협의 입점은 술술 풀렸다.

특히 유기농 인증 농산물을 전문적으로 취급하는 메이저급 유기농 전문유통업체에서 판매를 개시하자 송광매원 매실은 일약 전국적인 유명 브랜드로 성장했다. 그 순간부터는 굳이 찾아다니지 않아도 우리와 거래를 원하는 업체들이 많이 생겼다.

그러나 국내 최대 대형 유통사와는 오래 가지 못했다. 남들은 왜 거래를 끊었느냐고 나를 이상하게 생각했다. 그러나 비정상적인 요구를 계속 받다 보면 나뿐 아니라 누구라도 계약을 파기하고 싶었을 것이다.

대형할인점이라는 이유로, 판매를 장려한다는 명목으로 요구하는 비용이 터무니없이 많았다. 특히 판매 촉진을 위해 최저가 행사를 벌이면 그에 대한 손해는 고스란히 생산자에게 전가된다. 그런 구조 때문에 많이 팔수록 적자가 커지는 희한한 상황이 발생한다. 물론 생산자가 대기업이고 없어서 못 파는 인기상품이라면 상황은 다르다. 그러나 그런 기업이 몇 곳이나 되겠는가. 강제 퇴출을 각오하지 않는 한 거대 유통사의 요구를 거부할 수는 없는 노릇이다. 그들은 생산원가에 대해서도 훤히 꿰뚫고 있다. 아무리 날고

기는 중소기업이라도 우리는 부처님 손바닥 위에서 뛰어노는 손오공에 불과하다.

　종종 이런 말을 듣는다.

　"대기업 유통업체에 입점하면 자체로 상품에 대한 지명도, 브랜드파워가 생기지 않는가?"

　요컨대 거대 유통사는 홍보를 위한 투자로 생각하고 이익은 다른 곳에서 남기면 되지 않느냐는 말이다. 말은 그럴듯하다. 그러나 판로 다각화를 이룩하지 못하면 불가능한 일이다.

　불경기에 타개책으로 이루어지는 원 플러스 원 행사만큼 난감한 정책도 없다. 가뜩이나 마진을 확보하기 힘든 상황에서 덤까지 얹어주게 되면 그 손해는 어떻게 보전하라는 말인가. 여왕개미 한 마리대기업를 위해 도대체 몇 마리의 일개미중소기업가 희생해야 하는가. 일정폭의 적자는 미래를 위해 감수할 생각이었다. 그러나 이런 상황은 도저히 납득할 수가 없었다. 내년을 기약하기 힘든 상태에서 적자가 눈덩이처럼 커지는 모습을 두 눈 뜨고 지켜봐야 하는가.

　그래서 자진해서 퇴점했다. 그때만 해도 그곳이 주요 매출처였다. 거래처를 끊고 나자 전체 매출은 큰 폭으로 떨어졌고, 기업 등급에 타격을 입어 은행권을 통한 자금조달마저 어려워졌다. 판매처가 다변화되지 않고 편중될 때 겪는 쓴 경험을 톡톡히 한 것이다.

판로 다각화, 전 세계가 우리의 시장이다

판로 개척, 특히 다각화는 가장 중요하고, 가장 어려운 일이었다. 시스템 마케팅_{조직적인 판매활동}을 하는 소위 다단계 회사의 전국지점을 순회하며 상품설명회를 찾아 돌아다녔다. 시도 때도 없이 불러대는 통에 참 고달팠던 기억이 있다. 식품박람회가 열리는 곳이라면 출품을 위해 전국을 누볐다.

그러다 보니 김밥 한 줄로 저녁을 때우기 일쑤였다. 쫄쫄 굶으며 발품을 팔다 보면 예전 직장 생활이 문득문득 떠오르기도 했다.

'잘 다니던 직장을 그만두고 이게 무슨 꼴인가. 나도 참 별종이다.'

나도 모르게 피식 웃으며 단무지를 오도독 깨물어 먹었다. 잠은 찜질방에서 잤다. 교통비, 체류비 등 경비가 만만치 않았기 때문이다.

"이 근방에 찜질방 없나요?"

"길 건너서 오른편으로 돌면 있습니다."

잠자리 불편이야 이루 말할 수 없었지만 가끔씩은 나와 비슷한 처지의 동종업계 대표들을 만나 정보를 교환하거나 친분을 쌓는 등 적지 않은 소득도 건졌다.

서로 얘기를 나누다 보면 비슷한 점이 많기 때문에 금세 친해진다. 농사에 처음 발을 내디뎠던 얘기부터 사업을 넓히기 위해 위험을 무릅썼던 이야기까지 밟아온 과정은 쌍둥이가 따로 없을 만큼 닮았다. 제품 개발과 관련된 정보를 교류할 때는 하나라도 더 배우려고 귀를 쫑긋 세우고, 미래에 대한 사업 구상을 밝힐 때는 초롱초롱 눈빛을 빛냈다. 잠을 자지 않아도 피로가 싹 가시는 기분이었다. 이야기는 종종 밤새 이어졌다.

그렇게 전국을 돌아다니다 보니 나중에는 안목이 생겨 우량 바이어가 많이 찾는 대도시 박람회 중심으로 다니게 되었다. 유기농 제품의 경우 수도권이 매출의 92%를 차지한다. 그러다 보니 손님이나 바이어 역시 서울·경기 지역에서 개최하는 박람회에만 참석한다. 이를 깨닫기까지 2~3년이라는 세월이 필요했다.

국내뿐 아니라 해외 식품 박람회에도 출품했다. 일본 전 열도를 돌아다녔고 미국, 중국, 대만, 싱가포르, 프랑스, 독일, 몽골, 호주 등 전 세계를 헤집고 다니며 '우리 매실 사세요.'를 외쳤다. 물론 돌아다닌 만큼 성과를 올리지는 못했지만 언젠가는 이렇게 뿌리고 다닌 씨앗이 열매를 맺으리라 믿고 있다.

국제적인 사기꾼 바이어도 종종 만났다. 다행히 함께 출품했던 선배 수출인의 조언으로 위기를 모면하곤 했다. 시행착오 끝에 성공에 이른 선배 무역인의 조언과 지도는 혈혈단신으로 출국한 나에게 큰 의지가 되었다. 나아가 그들을 통해 검증된 해외 바이어를 소개받기도 했다.

그렇게 해외를 다니는 동시에 농수산물유통공사나 코트라_{KOTRA, 대한 무역 투자 진흥 공사}에도 수없이 다녔다. 특히 농수산물유통공사에는 포장재 지원사업이라든가 수출교육, 해외 바이어 발굴사업 등 다양한 형태의 지원책이 많아 잘만 활용하면 많은 도움을 받을 수 있다. 해외 지사화가 힘든 우리에게 해외시장을 개척할 수 있는 계기를 마련해 주기도 했으며 가끔은 공사를 통하여 해외 바이어를 연결시켜 주었다. 공사의 신용 덕분에 이들과 거래할 때는 서로 재고 따지고 하느라 뜸 들일 필요가 전혀 없었다.

한번은 농수산물유통공사의 야채부에서 연락이 왔다.

"미국에 있는 대형 음식재료 전문유통업체 측에서 자소를 생엽으로 수입하고 싶다고 의뢰해왔습니다. 그래서 송광매원을 소개할까 하는데 어떠세요?"

자소_{차조기}는 들깨와 비슷하게 생긴 작물로 일본에서는 횟감에 곁들이는 주요 식재료이다. 이미 매실 재배 초기부터 자소 재배를 염두에 두고 있었다. 우메보시를 만들기 위해서는 꼭 필요한 작물이었기 때문이다. 또한 자소는 일식당 수요가 있었고, 일본에서 수입하는 물품을 대체하고 싶다는 생각도 갖고 있었다. 국내에서는 아무도 재배하는 사람이 없으므로 한발 앞서 시작하면 훗날 경쟁력도 생기리라 판단했다. 처음에는 매실 밭 묘목 사이에 심어서 기르기도 하고, 놀리는 땅에 심기도 했다. 그러다 서서히 국내에도 자소의 중요성이 알려지면서 별도의 재배지를 마련하게 되었다. 자소에서 추출한 물질을 연구하기 시작한 것도 그 무렵이었다.

그러나 일본 기업에서 전화가 오리라고는 미처 생각지 못했다. 전화를 끊자마자 한국지사 관계자를 찾았다. 이 유통업체는 미국 전역 1,000여 개의 일식당에 음식 재료를 납품하는 곳으로 오너가 일본사람이었다. 한국지사 관계자는 '그동안 죽 일본에서 자소를 수입했는데 최근 곤충 알이 발견되는 바람에 수출검역에서 문제가 발생했다. 이후 같은 일이 몇 차례 반복되어 곤란을 겪던 중 한국의 방충 비닐하우스에서 재배하는 안전한 자소 잎을 찾아보라는 지시가 떨어졌다'고 배경을 설명했다.

좋은 기회다 싶어 매실이 함유된 고기능성 초밥용 소스를 비롯하여 매실, 자소와 관련된 제품을 소개했다. 그러나 일본계 회사들의 성향은 우리나라와 달라 기존 거래처와의 의리를 중시했다. 설사 우리 제품이 경쟁력 있다고 판단되더라도 다른 납품업체와의 관계 때문에 거래 성사까지는 시간이 필요하다고 말했다. 선진국의 대기업일수록 수차례의 거래를 통해 신뢰를 쌓아야 다음 단계로 넘어간다.

그들이 부르는 단가는 높지 않았다. 겨우 인건비나 건질 수 있는 정도였다. 더구나 자소를 수출하기 위해서는 또 다른 밀폐형 방충 하우스를 추가 설치해야 했다. 그렇더라도 눈앞의 이익이 아니라 장기적이고 지속적인 이익을 바란다면 작은 것부터 차근차근 다져가야 했다. 그래서 규모는 작았지만 계약을 맺기로 했다. 그렇게 우리의 미래를 위한 판로 개척은 다시금 시작되었다.

귀농인의 인터넷 활용 조언

❶ 소통의 장이자 주요 판매 루트

시골에 살다보면 소비지인 도시와의 교류에 제약이 따른다. 이를 보충하기 위해서는 인터넷 활용이 필수이다. 특히 주변에 고령자들이 많고 마땅히 정보를 나눌 만한 대상을 찾기 어렵다. 그런 의미에서 인터넷은 도시와 나를 연결시켜주는 중요한 소통수단이 된다.

2001년 처음 홈페이지를 열었다. 비록 초창기에 만든 홈페이지는 초보자 수준을 벗어나지 못했지만 성실한 답변과 많은 정보의 개시를 통해 방문자를 증가시킬 수 있었다. 인터넷 게시판을 통하여 글을 올리면 예기치 않은 많은 사람의 반응을 얻게 된다. 개인적으로는 일과를 마치고 하루도 정리할 겸 조용한 시골 밤에 차분하게 글을 쓰기 좋았고, 사람들과 소통하며 고립된 생활에서 오는 외로움을 어느 정도 해소할 수 있었다. 매원으로서는 농촌과 매화를 소개함으로써 많은 잠재 소비자에게 감성적으로 다가갈 기회가 되었다.

❷ 업그레이드

나는 내공이 쌓일 때까지 농수식품부의 산하기관인 아피스AFFIS

에서 많은 정보를 얻었다. 또한 이곳에서 매년 열리는 우수농업인 홈페이지 경연대회에서 수상한 뒤로는 온라인 판매에 도움을 받았다. 처음에는 우수홈페이지 농가로 지정되고 장려상과 우수상을 연차적으로 받았다. 그렇게 한 단계가 오르면 그에 따라 새로운 길들을 제시해주는 사례가 많다.

다른 사람들의 홈페이지를 방문하는 일 또한 게을리 하지 않았다. 훌륭하게 만들어진 홈페이지들을 보면서 장점을 흡수하는 일은 자체로 흥미로운 일이었다. 그리고 어떻게 하면 좀 더 효과적으로 홈페이지를 운영할 수 있을지 고민도 시작하게 되었다.

쇼핑몰을 제작할 때 상품의 구색이 없으니 홈페이지가 부실해 보였다. 더 채우고 싶다는 생각은 자연스레 신제품 개발로 연결된다.

농장에서 일어나는 일은 사소한 것 하나라도 홈페이지에 올렸다. 덕분에 틈틈이 기록하는 습관도 생겼고, 사진 촬영에도 신경 쓰게 되었다. 그렇게 모인 많은 양의 기록들은 사업계획서를 쓴다든지 대외 언론 홍보 및 사례 발표를 하는 강의 자료로도 유용하게 쓰였다. 또한 농장에 방문하는 사람들에게 송광매원을 알릴 수 있는 효과적인 자료로 변신하기도 한다. 이 과정이 한 달, 두 달 쌓이면 자연스레 사업계획서 작성과 재정립에 도움이 된다.

❸ 인터넷을 통한 홍보

인터넷 환경 역시 무한경쟁 체제였다. 사람들에게 노출되기 위해 유명 검색 엔진에 링크하자니 경비가 문제였다. 여러 홈페이지를 검색하여 나름대로 우리와 관련이 큰 곳에 링크를 거는 작업부터 시작했다. 귀농카페나 식품 및 음식 관련 카페 혹은 블로그를 비롯하여 신지식농업인 홈페이지, 농림부 홈페이지, 유기농유통업체 홈페이지 등에 링크를 요청했다. 지금도 링크 작업은 지속적으로 수행하고 있다.

당시 농수식품부에서는 이러한 활동을 하는 농민을 사이버 농업인이라 하여 해마다 전국농어민 홈페이지 경진대회를 개최했다. 이러한 콘테스트는 관계기관의 프로그램에 의한 네트워크 구축이 가능하고 자연스레 언론 홍보 효과도 노릴 수 있기 때문에 출전해 입상하기도 했다.

각종 전시회를 마치고 나면 거래를 성사하고자 하는 바이어는 일단 우리 홈페이지를 충분히 검색하여 정보를 수집한 뒤 상담을 요청한다. 물론 오프라인 매출에 비해 온라인 매출은 저조했다. 하지만 우리와 거래하려고 마음먹은 바이어는 반드시 우리 홈페이지를 방문한다는 사실을 알았을 때 홈페이지 구성이 얼마나 중요한지 절실히 느낄 수 있었다.

오프라인에서의 소비자들 역시 마찬가지였다. 그들도 구매하기 전에 홈페이지를 검색하는 습관이 있었다. 또한 온라인 고객 대부분이 거리가 멀어 오프라인 상점을 찾기 힘든 분들이었고 제아무리 전국적인 매장을 갖춘다 해도 온라인으로만 주문하는 고객은 일정 비율로 존재하기 마련이었다. 따라서 온·오프라인 판매처 구축은 어느 하나도 소홀히 할 수 없었다.

그래서 나는 소비자나 혹은 바이어에게 매력을 끌 만한 무언가를 넣기 위해 노력했다.

첫째, 상품 구색 갖추는 일은 중요했다. 그래서 상품 개발에 나섰다.

둘째, 흥밋거리와 스토리텔링이 있어야 했다. 구매가 목적이 아닌 경우도 있다. 종종 유익한 지식을 구하고 재미를 느끼고 싶은 사람들도 찾는다. 이런 사람들의 욕구까지 해결해 줄 수 있으면 금상첨화다. 귀농 전문가를 찾다가 우리 홈페이지를 들른 사람이 단골이 되는 경우도 있었다. 당연히 상품 관련 정보만 나열해서는 안 된다. 상품과 관련된 문화, 귀농 정보, 농촌체험 등등 다양한 정보가 필요하다.

셋째, 게시판에 올라오는 내방객의 의견에 성실히 답변을 달았다.

❹ **정보 수집**

국가에서 하는 각종 지원사업과 시상 콘테스트는 농수식품부 홈페이지 및 도청 농정국, 시군부의 홈페이지에서 수시로 발표된다. 관련정보를 통합해서 알려주는 기관은 따로 없다. 농수식품부의 산하기관, 예를 들면 국립농산물 품질관리원, 농진청, 농수산기술개발원, 농어촌공사, 농수산물 유통공사, 산림청, 농촌경제연구원,

한국농업대학 등에서 개별적인 공모가 공고되므로 수시로 확인해야 한다. 또한 동종업계의 모임이나 농업사관학교 같은 교육커뮤니티를 통해서도 정보를 제공받을 수 있다. 각종 교육과 세미나 또는 관련학회, 협회 등에 가입되어 있으면 수시로 이메일 발송을 통해 개별 통지해준다.

요컨대 정보 수집을 위해서는 다양한 채널의 확보와 반복적인 검색이 중요하다. 일주일에 한 번은 각 기관을 차례로 돌아다니는 습관을 들이는 것이 정보 수집의 유일한 비법이다.

5장

끌리는 농장에는 이유가 있다

매화를 보기 위해
몰려든 사람들

귀농을 하면서 듣고 싶은 말 중의 하나는 '시인과 농부'였다. 그러나 나는 시적인 감각이 둔해서 시인은 되지 못했다.

내가 농촌 생활을 동경한 이유 가운데 하나는 탁 트인 자연과의 교감 때문이었다. 도시는 나를 숨 막히게 했다. 높다랗게 솟구친 빌딩은 시야를 가로막았고, 사무실에 앉아 있으면 하루 종일 답답했다. 매일 마감을 해야 하는 신문사의 생리상 늘 1분 1초에 쫓기며 살았다. 재깍재깍 바삐 움직이는 시계와, 매연을 뿜어내며 경적을 울리는 자동차, 위압적으로 서 있는 고층빌딩, 그리고 늘 성과를 요구하는 업무에서 벗어나고 싶었다. 그래서 바깥 활동을 즐겼던 것 같다.

신문사 생활 20년간 각양각색의 사람을 만나면서 기회만 닿으면 모임에 가입했다. 제이씨_{청년회의소}를 비롯해 라이온스, 로타리클럽, 와이즈멘 등의 사회봉사단체에서 활동했고 캠핑, 등산, 낚시, 스쿠버와 같은 아웃 도어 라이프_{Out Door Life}와 전통 다도 모임 등의 취미 생활을 즐겼다.

함께 취미 생활을 즐기던 사람들도 도시로부터 벗어나고 싶은 마음은 나와 다르지 않았다. 그래서 내가 귀농 결심을 밝혔을 때 그들은 잘 될까 우려하면서도 내심 제2의 인생을 시작하는 나를 부러워들 했다. 그런 이유 때문일 것이다. 사람들은 매화가 필 무렵이면 연락을 하지 않아도 어김없이 농장을 방문하고는 했다.

옛날부터 매화는 사군자의 으뜸으로 봄의 전령사였다. 이제 추운 겨울이 끝나고 따사로운 봄이 되었음을 가장 먼저 알리는 꽃이다. 힘든 시기를 보내고 있는 사람들에게 매화는 그래서 상서로운 꽃이고, 힘겨운 시기를 잘 견딘 인고의 상징이다. 사람들은 매화를 보면서 자신의 삶에도 봄이 오기를 기대하는 것 같다. 귀농을 하고 처음 맞았던 초봄, 아직 날도 풀리지 않은 이른 시기에 매화를 보러 일부러 찾아든 상춘객을 보고는 깜짝 놀랐다. 마치 새해 첫날 일출을 보기 위해 인파가 모이듯, 봄을 간절히 그리던 사람들은 활짝 핀 매화를 보며 소원을 빈다.

매화가 피는 시기는 잔설이 남아 있는 겨울 끝자락이거나 꽃샘추위가 기승을 부리는 이른 봄이다. 매화의 정취가 최고조에 이르는 시간은 달빛 어린 밤이다. 해가 지면서 저기압으로 바뀐 공기는 매향을 짙게 머금어 탄성을 자아내게 한다. 달빛 어린 밤 매화는 보는 이로 하여금 감동을 주기에 충분하다. 고요히 흩날리는 낙화를 보노라면 신비감마저 감돈다.

"엄마, 아빠! 이 꽃 좀 보세요."

"여기서 사진 찍어요!"

매화의 감동은 사람들의 가슴 깊이 각인된다.

매화를 차로 즐기는 분들도 있다. 이제 막 피어나는 매화를 따서 찻잔에 띄워놓으면 푸른 녹차 물 위에서 서서히 피어나는 매화를 볼 수 있다. 매향과 녹차의 향이 어우러져 깊은 향을 만들면 이제 겨울이 끝났음을 느끼며 새봄의 정취에 흠뻑 빠진다. 이렇게 마시는 차를 매화차 또는 풍류차라 부르는데 예전부터 전해온 문화의 한 자락이었다.

또 어떤 이들은 봉오리가 막 벌어지는 매화를 손으로 따다가 잘 말려서 병에 보관한다. 매화가 진 뒤에도 매화의 풍미를 즐기기 위함이었다. 요령껏 따기만 하면 매실 수확에 아무 지장이 없으니 나로서도 손해 볼 일이 없었다. 도리어 도시 사람들을 불러들이는 매화가 기특할 뿐이었다.

사람들의 발길이 이어진다는 것은 좋은 징조였다. 자연스럽게 우리 매실을 알릴 수 있는 기회였다. 이처럼 농장을 찾아주시는 손님들에게 내가 할 수 있는 보답은 무엇일까.

한번은 주부님 한 분이 매실 장아찌를 맛보시더니 담그는 법을 알려 달라고 부탁하셨다. 매실주는 담가서 먹겠는데 장아찌는 안 되더란다. 매실은 껍질째 가공해서 먹는 과실이다. 그래서인지 일반 소비자분들은 가공하는 법을 배우고 싶어 하는 경우가 많았다. 이런 분들을 위해 매실가공 체험 행사를 열면 좋을 것이다.

또 덜덜덜 떨면서 매화를 감상하는 사람들에게 몸을 녹일 수 있는 장소를 제공하는 것도 좋은 방법일 것이다. 아늑한 찻집이나 카페 혹은 레스토랑이라면 금상첨화겠다. 나아가 그곳에 농특산물을 싸게 구매할 수 있는 쇼핑 공간까지 배치하면 어렵게 찾아주신 분들에 대한 보답이 될 것 같았다.

나는 곧 사람을 많이 모으는 일이 왜 중요한지 깨닫게 되었다. 그들이 다녀가면 반드시 아이디어가 생기고, 그들의 니즈가 무엇인지 알 수 있었다.

"매화축제를 열면 어떨까요?"

마침 와이즈맨 활동을 함께하던 교수님으로부터 축제를 열어보라는 제의를 받았다.

126

제1회 매화축제,
서툰 첫발을 내딛다

나는 주변 분들에게 제1회 매화축제를 열 계획임을 알렸다. 축제를 제의했던 교수님이 무척 반기며 매화축제의 기획을 맡아주셨다. 어릴 때부터 YMCA에서 활동해온 분이라 축제 기획에 대한 해박한 지식을 가졌으며 군중을 모으는 능력이 뛰어났다.

"매화음악제를 하면 어떨까요?"

"매화음악제요?"

"꽃밭을 지날 때 상상해 봤는데 음악이 울려 퍼지면 더 좋을 것 같아서요."

"좋은 아이디어입니다. 눈으로 매화를 즐기며 귀로 음악을 들으면 딱 좋겠는데요."

나는 눈을 감고 매화음악제를 상상해 보았다. 달빛이 은은한 밤, 혼자서 흐드러지게 핀 매화 밭을 거닐 때면 신비롭고 사늘한 느낌이 좋았다. 한두 잎씩 떨어지는 매화 꽃잎을 맞으면서 음악을 듣는다고 생각하니 가슴이 설레었다. 얼마나 아름다울까. 감동에 흠뻑 빠진 사람들의 얼굴을 떠올려보았다.

축제를 위해서 대구 시내 성악가 20명을 섭외했다. 시립관현악단과 도립 국악원에도 교섭하여 출연 약속을 받아냈고 의자 및 공연 설비는 YMCA 회관에서 빌렸다. 방문객의 안내는 와이즈멘 회원들에게 부탁했고 무대 설치 및 음식 접대는 내가 맡기로 했다.

"축제 시간은 언제가 좋을까요?"

"아무래도 낮 시간대가 좋겠지요."

"낮보다는 저녁이나 밤이 낫지 않을까요. 그 무렵이면 날도 풀릴 테니."

"저도 밤이 좋을 것 같습니다. 조명을 켜면 분위기가 그만일 것 같습니다."

축제 시간은 밤으로 결정했다. 그러려면 캄캄한 매화 밭을 환히 밝혀줄 간접조명 장치가 필요했다. 동시에 수은등을 지지대에 기대어 매화나무를 밑에서 비춰주는 형태로 조명을 설치하기로 했다. 불을 켜보니 간접조명이 은은히 비치는 가운데 밤 매화가 새하얀 빛을 발하는 것이 참 아름다웠다. 무대 설비는 소박하게 짜 맞추어 구색을 갖추었다. 그러나 무대 조명이 문제였다. 시골이라 동력전기가 들어오지 않았다. 스포트라이트와 형형색색의 조명장치는 많은 전력이 필요했기 때문에 동력발전기 차량을 빌릴 수밖에 없었다.

축제 기획 팀은 매일 밤 한자리에 모여 행사를 기획하며 세부 사항을 꼼꼼히 점검했다. 그런데 정작 문제는 다른 데서 벌어졌다.

"대표님, 매화가 언제쯤 필까요?"

"글쎄……. 이것 참 난감하네. 축제 날짜는 임박했는데 매화는 필 생각을 안 하니……."

"그러게 말입니다. 이렇게 다들 열심히 준비하는데……. 꽃이 꼭 피었으면 좋겠습니다."

축제 일이 코앞에 닥쳤지만 매화는 아직 감감무소식이었다. 회의를 하다가도 매화 걱정 때문에 밭을 둘러보았다. 그러나 나오는 것은 한숨뿐이었다. 충분히 자문을 얻어 축제시기를 정했건만 유독 그해는 꽃샘추위가 심해서인지 굵어지던 꽃봉오리가 성장을 멈춰버렸다. 물도 듬뿍 뿌리고 비닐을 감아 성장을 촉진해보았지만 서너 그루 외에는 꽃이 필 기미가 보이지 않았다. 날씨도 여전히 풀리지 않은데다 축제 당일 일기예보를 보니 더 추워진다는 암울한 전망만 있었다.

개화시기를 예측하는 것은 무모한 짓이었을까. 간절히 꽃이 피기를 바랐지만 사람의 힘에는 한계가 있는 모양이었다.

진해의 벚꽃축제도 개화시기를 맞추지 못해 불을 지펴 가온하는 등 부산을 떨었다는 언론보도를 본 적이 있었다. 모든 꽃은 온도 추이에 따라 보름 정도 편차가 있기 때문에 개화시기를 딱 맞추기에는 한계가 있었다.

어쨌든 이미 도지사님까지 참여한다는 전갈을 받았고 언론사는 물론 대구·경북의 문화계 인사들도 초대해둔 상태였다. 회의를 열어도 뾰족한 수가 없었다. 일단은 꽃이 없으면 입이라도 즐거워야겠다고 판단하고 돈을 더 들여서라도 음식이나마 푸짐하게 대접하고 싶었다. 이렇게라도 도와주신 분들에게 고마움을 표시하고 싶었다.

대구·경북지방에서의 매화축제는 처음이었다. 행사 당일이 되자 초청한 사람들이 속속 도착하기 시작했다. 땅거미가 질 무렵부터는 온도가 뚝 떨어졌다. 너무 추운 나머지 성악가들은 목소리가 나오지 않는다며 걱정이었고, 관람객들은 군데군데 피워놓은 모닥불에 모여 몸을 녹이느라 분위기는 어수선했다. 달리 방도가 없었다. 공연을 최대한 빨리 마쳤다.

"더 드세요! 추운데 고생 많으셨죠?"

"서 대표, 이리 와서 한잔하지?"

"예, 갑니다. 잠시만 기다려 주세요."

"대표님, 준비한 술이 다 떨어졌다고 하는데 어떻게 할까요?"

추운 날씨라 술도 예상보다 빠른 속도로 소비되었고 음식 또한 언 몸을 녹이려고 많이들 잡수셨다. 나중에 정산한 음식 값을 보니 입이 떡 벌어졌다.

 그러나 그런 비용은 내가 얻은 것에 비하면 아무것도 아니었다. 외로운 귀농 생활에 그들의 방문은 참으로 큰 힘이 되었다. 든든한 후원군을 얻었다는 생각, 더 열심히 해보겠다는 용기를 얻은 것도 모두 축제 덕분이었다. 무엇보다 사람들이 덕담 하듯 건네주는 소중한 아이디어 한마디가 나에게는 크나큰 도움이 되었다.

천만금을 주고도 살 수 없는
소중한 아이디어를 얻다

첫 매화축제는 아쉬움이 컸다. 그러나 이번 행사는 참가자 모두에게 시사하는 바가 큰 모양이었다.

도지사님과, 도청 산하 농업기술원의 원장님, 국과장님은 전혀 생각지 못했던 참신한 축제로 농촌의 새로운 가능성을 열었다며 우리의 시도를 높이 사주었다. 성악가 교수들도 따뜻한 공연장만 마련해주면 언제든 '노 개런티'로 축제에 참가하겠다며 껄껄 웃었다. 토종 매화 보급의 주역인 권병탁 박사님은 그간의 고생담과 토종 매실의 우위성, 우리 토종의 중요성을 말씀하시며 감회에 젖은 듯 눈가를 훔치기도 했다. 이 행사를 기획했던 교수님은 추후 대학교 교정에서 벚꽃축제를 개최하여 스타가 되었으며, 훗날 총장직에도 올랐다.

축제의 여운은 한동안 가시지 않았다.

전통 차를 즐기는 다도인들은 축제가 끝난 뒤에도 그룹별로 방문하여 차 모임을 개최했는데 이 모임은 매화꽃이 질 때까지 이어졌다. 수확량이 적었던 초기, 매실 수확기가 되면 다도회 분들이 잊지 않고 찾아와서 수확한 매실을 대부분 사가셨다. 또한 해마다 개최하는 매화축제에 자원하여 방문객들에게 매화차와 다식을 접대하는 일도 도와주었다. 특히 매화꽃 맞이를 할 때마다 고운 한복을 차려입고 와서 일반방문객들에게 한복과 매화의 매혹적인 조화를 선보였다.

"서 대표님, 연꽃은 키울 생각 없으세요?"

"연꽃이요?"

"네, 연꽃도 키우면 버릴 것이 없어요. 꽃도 예쁘고 차도 마실 수 있고."

해마다 찾아와 일을 도와주시는 것도 감사하기 이를 데 없는데 다도회 분들은 매실 재배가 끝난 뒤에는 후기작으로 백련을 재배해 보라며 아이디어를 제공해 주었다. 그 덕분에 6월 매실 수확이 끝나면 6월 말쯤부터 개화되는 하얀 연꽃 밭을 조성하게 되었다. 부처님 꽃인 백련이 피어날 때면 화가와 사진작가들이 몰려들었다. 그분들은 또 백련 잎에다 오곡과 견과류를 넣어 삶아내는 연밥도 소개해주었으며 연잎 차를 만드는 제다법도 전수해주었다.

이러한 과정을 거치며 나는 우리가 지향해야 할 것은 단순히 작목 중심의 생산지가 아니라 인간과 자연이 공존하는 농촌을 만드는 것임을 깨닫게 되었다.

이렇게 한 분 한 분 농촌공간을 사랑하는 많은 사람들이 다녀가 면서 이곳을 어떤 공간으로 만들 것인지, 어떻게 꾸밀 것인지 유용 한 노하우를 제공해 주는 분들도 생겼다. 한번은 한국종자나눔회 라는 전국적 모임에서 찾아오신 분이 좋은 아이디어 하나를 주고 가셨다.

농장은 봄부터 가을까지 잡초와의 전쟁이 벌어지는 곳이다. 특히 이곳은 유기농 농장이라 제초제를 쓸 수 없다. 일일이 손으로 뽑자 니 참 고역이었다.

"이런 곳에 꽃을 심으면 잡초가 덜 생깁니다."

"그런가요? 미처 몰랐습니다."

함께 농장을 둘러보다 잡초가 유난히 많은 곳을 지날 때였다. 뽑 아도 뽑아도 고개를 내미는 잡초를 보며 한숨을 푹 쉬었더니 꽃을 심으면 좋다는 말씀을 하셨다.

"이렇게 손쓰지 못할 만큼 잡초가 무성한 곳에서는 계절별로 꽃 을 키우는 게 좋습니다. 잡초가 번성하는 것도 억제할 수 있고, 농 장도 아름답게 꾸밀 수 있으므로 일석이조지요."

잡초와의 경쟁에서 지지 않는 꽃, 그 중에서도 꽃이 예쁜 종자를 추천해주었다. 그때 받은 씨앗을 파종하면서부터 농장에는 다양한 식물이 함께 자라게 되었다. 달리아, 튤립, 디기탈리스, 금계국, 각종 국화, 제충국 등 수십 종을 심었다. 또 습지 때문에 극성을 부리는 모기의 피해를 줄이기 위해 아예 습지를 연못으로 조성했다. 연못에다 습지식물을 심고 모기 유충을 먹고 사는 물고기를 풀었더니 모기 개체수가 급격히 줄었다.

이렇게 아이디어를 제공하는 전문가가 있는가 하면 어려운 농촌 살림에 비용 투자가 너무 과한 것은 아니냐고 우려해주는 분들도 적지 않았다. 무작정 축제를 열면 1회에서 그치기 쉬우니 연속성을 가질 수 있도록 수익성을 개발해 보라는 충고였다. 하지만 축제 비용만큼은 내가 감당해야 할 몫이라고 생각했다. 어떤 축제든 돈은 들게 마련이다. 일정 수준 이상의 프로그램과 볼거리가 없다면 사람들은 찾지 않는다. 그렇다고 더 많은 돈을 들여 유료 축제를 개최하면 상업적이라는 비난을 면치 못할 것이다. 꽃을 소재로 하는 축제는 어차피 적자가 날 수밖에 없다.

참고삼아 덧붙이면 지자체에서 축제를 보조해주는 경우도 있음을 밝힌다. 물론 우리처럼 개별적으로 주관하는 축제에는 지원이 없다. 그러나 많은 수의 농가들이 모여서 여는 지역축제일 경우는 지원이 가능하다. 이때도 지원을 받으려면 1) 농가 쪽에서의 선투자가 있어야 하고, 2) 지역의 많은 농가들이 재배에 참여해야 하며, 3) 축제가 지역 홍보와 농산물 판매에 기여한다는 판단이 서야 한다.

"나물과 약초,
마음껏 캐가세요."

한 번은 매화축제 현장에서 고객 한 분을 만났다.

"서 사장님, 안녕하세요?"

"예, 안녕하세요?"

"올해는 매화꽃이 더 예쁘네요."

"감사합니다. 방문해주시는 덕분에 나날이 축제가 번창합니다."

"저번에 백화점에 갔다가 송광매원 제품을 봤는데요, 얼마나 반갑던지. 이 친구한테 작년 매화축제에 다녀온 얘기를 들려주니까 꼭 한 번 데려가 달라고 애걸복걸해서 이번에는 같이 왔습니다."

이런 이야기를 들을 때마다 어렵더라도 매화축제를 게을리 해서는 안 되겠다는 다짐을 한다. 마치 작물에 지속적으로 뿌려주는 밑거름처럼 말이다.

손님이 주기적으로 찾아오게 되자 청결에 신경 쓰는 습관도 갖게 되었다. 또한 장기적으로 부대시설을 갖출 계획도 짜면서 농업을 재배에 국한시키지 않고 2차, 3차 산업으로 확대 발전시킬 수 있는 기틀을 다져갔다.

매화축제에서 감명을 받은 사람은 언제든 다시 오고 싶어 한다. 특히 가족이나 동료를 데리고 오는 경우가 많다. 이런 방문객을 어찌 소홀히 대할 수가 있겠는가? 처음에는 일일이 기념품을 만들어 챙겨주었다. 그러나 갈수록 방문객은 늘고 경비 부담은 커졌다. 대안이 없을까 고민하다가 나물과 약초를 생각하게 되었다.

키 큰 잡초를 제압하기 위해 심어놓은 짧은 풀들은 대부분이 약초나 나물이었다. 매실 밭 아래는 민들레, 냉이, 고들빼기, 도라지, 명이 나물, 우산나물 등 갖가지 나물과 약초가 자란다. 이 풀들을 마음껏 캐가게 했더니 너무들 좋아하셨다. 흙 묻은 채로 가져가는 불편을 덜고자 세척대도 마련하고 깔끔하게 포장할 수 있도록 포장 도구도 준비했더니 굳이 사지 않아도 될 상품까지 구매하는 분들도 계셨다. 나물이야 싹쓸이하지만 않으면 다시 무성하게 올라오니 언제든 채취가 가능하다. 여기서 한 걸음 더 나아가 농장을 예쁘게 꾸밀 요량으로 만들었던 꽃모종을 나누어 주기 시작했다.

꽃모종 아이디어는 그간 알고 지내던 한국종자나눔회 회원들로부터 시작된 것이었다. 그들은 대부분 도시에서 살며 꽃 키우기를 갈

망하고 있었고 저마다 재배기술을 습득하고 있으나 꽃모종을 키울 수 있는 온실이 없었다. 개중에 온실을 운영하는 회원이 몇 분 계셨지만 생업에 종사하면서 꽃모종 키우기는 쉽지 않은 일. 물 주기부터 그날그날의 채광에 따라 보온 덮개를 덮어주거나 환기를 시키는 일까지 옆에서 보살피지 않으면 금세 시드는 게 꽃모종이었다.

마침 잘 됐다 싶었다. 우리는 그들에게 온실을 제공하고, 나는 그들에게 남는 모종을 얻으면 되지 않겠는가. 그들이 꽃씨를 파종하면 우리는 육묘상자에 물을 주고 싹 틔우기를 했다. 정기적으로 날을 정해서 회원들이 모여 그동안 키운 꽃모종을 나누어 가지는 행사를 진행하였다. 이렇게 키워낸 꽃모종들은 회원들이 한 보따리 들고 가도 늘 많은 분량이 남았다. 남은 모종은 농장 곳곳에 심어 꽃밭을 만드는 작업을 하였고, 그래도 남는 모종은 작은 화분에 심어 농장을 방문하는 분들에게 선물하였다.

이렇게 꽃을 무료로 나누어 주자 찾는 사람도 더 많아졌다. 나는 이 기회를 적극 활용하고 싶었다. 기왕이면 주변 농가의 농산물까지 함께 팔 수 있는 판매장을 만들면, 찾아오시는 분들도 좋고 인근 농가도 좋지 않겠는가. 무슨 일이든지 찾아오는 사람들이 많아야 하는 법이다. 파는 사람도 모이고, 사는 사람도 모인다면 그 얼마나 아름다운 일이겠는가. 도시에서도 비슷한 상가끼리 모여 상권을 형성할수록 고객의 수가 많아지는 법인데 농촌이라고 다를 까닭이 없다.

비수기를 활용하라

농촌의 비수기는 역시 겨울철이다. 연중 11월에서 이듬해 3월 하순까지의 4개월 동안은 날씨도 쌀쌀할 뿐 아니라 자라는 식물도 없으므로 농장은 황량하기 그지없다.

그러던 어느 추운 겨울날, 평소 알고 지내던 캠핑동아리에서 한 통의 전화가 걸려왔다. 정기모임 장소로 빌릴 수 있느냐는 내용이었다. 어차피 놀리고 있는 농장이라 흔쾌히 승낙했다.

그들이 이곳을 정모 장소로 택한 데는 나름 이유가 있었다. 동호회 사람들은 1) 많은 회원들이 정모에 참여하기를 바라고 2) 그들만의 독립된 캠프장을 확보하고 싶어 한다. 그런데 대부분의 공식 캠프장에는 다른 그룹들도 찾아온다. 마음 놓고 떠들 수 있는 공간이 생각보다 드물다. 기왕이면 모닥불을 피워놓고 밤늦게까지 모임을 열고 싶은데 가족 단위로 놀러 와서 조용히 잠자고 있는 사람들이 있으면 이만저만 민폐가 아닐 수 없다. 마침 우리 농장은 교통편도 좋고 낙동강도 끼고 있으므로 정기모임을 갖기에는 최적의 장소로 판단한 것 같았다.

형형색색의 텐트가 수십 개씩 쳐지니 삭막하던 겨울 농장에 금세 생기가 돌았다. 곳곳에 피워놓은 모닥불이 강물에 어리어 실루엣을 이루니 그 경치가 장관이다. 장소를 제공해주어 고맙다며 저녁 모임에 초대되었는데 금세 사람들과 친해지게 되었다.

요즈음의 캠핑문화는 예전과는 양상이 달랐다. 야외에서의 식사에 갓 훈제한 연어에 치즈까지 곁들여 전채요리가 나오고, 발사믹 소스balsamic sauce를 뿌린 양상추와 백포도주가 등장한다. 훈연 케틀kettle에서 막 끄집어낸 따끈한 통닭요리비어캔 치킨와 쇠고기 양지살로 만든 브리스킷brisket 바비큐, 훈제소시지, 잘 구운 수제 베이컨까지 유럽에서나 맛볼 수 있었던 요리들이 우리나라에서 그것도 시골의 농장에서 등장하니 눈이 휘둥그레질 수밖에.

카르보나라 스파게티도 그들이 직접 만들어 주었는데 정말 감동 그 자체였다. 카르보나라 스파게티에는 풍미를 돋우기 위해 비가열 숙성베이컨, 즉 판체타pancetta가 들어간다. 판체타는 이탈리아 북쪽 알프스 산맥의 전통 음식으로 우리나라의 과메기와 비슷하다. 추운 날씨에 얼렸다 녹였다 하며 반복적으로 건조시키는데 만들기가 까다로운 고급베이컨이다. 그런데 이를 한국인들이 제대로 만들어 먹다니, 놀랄 일이었다.

"아웃도어 요리에 푹 빠져서 겪었던 일을 생각하면 지금도 앞이 캄캄해요."

"고생이 많으셨나 보네요."

"혼자 연구도 하고 배우러 다니기도 했어요. 나중에는 직접 만들어보고 싶더라고요. 아무래도 아웃도어 요리라고 하면 훈연으로 맛을 내는 게 기본적이잖아요. 그래서 하루는 베란다에서 도전해봐야겠다고 생각했어요. 한 번 결심하니까 정말 참기 힘들더라고요. 재료 장만하고 손질하고 드디어 불을 피우기 시작했는데. 우와, 정말 연기가 말도 못하게, 꼭 불 난 것처럼 심하게 나오는 거예요."

"그래서 어떻게 하셨어요?"

"당장 껐죠, 뭐. 윗집 아저씨 뛰쳐나오고, 아랫집 아줌마 경비실에 전화하시고. 다들 불 난 줄 알고 놀라셨나 봐요. 그날만 생각하면 정말 아직도 눈앞이 아찔합니다. 아마 여기 계신 분 가운데도 저랑 비슷한 일 겪은 분들 많으실 거예요. 만들고는 싶은데 정작 장소가 없으니 얼마나 답답한지."

시장을 통해 유통되는 육가공품은 아질산염이나 방부제가 다량 함유되어 있어 건강에 좋을 것이 없다. 그래서 사람들은 안전한 먹을거리를 찾게 되었을 것이고 그런 관심이 수제 유기 제품으로 연결된 것이 아니었을까. 아니 그런 것은 둘째 치고 일단 만들어 먹는 재미란 것은 한 번 푹 빠지면 헤어나기 힘든 것도 사실이다.

 마침 그 무렵 나는 농한기에도 사람들을 불러 모으려면 어떻게 해야 할지 고심하던 중이었다. 다른 곳과 차별화된 먹을거리를 제공하면 좋을 거라고 막연히 생각하고 있었다. 그러다 오늘의 기회를 만난 것이다. 아웃도어 요리는 밖에서 즐기는 음식인데다 온 가족이 즐길 수 있고 그 종류도 다양하기 때문에 차별화된 먹을거리가 될 것 같았다. 마침 그들은 장소가 없어서 고민 중이 아닌가.

 나는 무릎을 쳤다. 정말 그들에게는 이런 농장이 필요하겠구나. 요컨대 소시지를 만들려면 고기를 주스처럼 육즙을 내어 돈장^{돼지창}_자이나 양장에 넣어야 하는데 이 작업에는 외부 오염으로부터 격리된 밀폐 작업실이 필요하고, 영상 10도 이하의 작업 온도 유지가 필수적이었다. 또한 불 피우고 작업을 할 수 있는 공간도 필요했다. 어차피 공장에는 공간이 많았다. 이야기는 곧 급물살을 탔다. 공장 한쪽에 소시지 공방과 훈연기를 갖추어 놓기로 한 것. 나로서는 비수기에도 사람이 찾는 농촌 환경을 만들 수 있으므로 양쪽이 만족하는 좋은 전략이었다.

 이 캠핑모임은 그러나 수면 위로 올라온 자그마한 빙하였다. 수면 아래로 들어가 보면 하우스 맥주를 만드는 동호회, 치즈동호회, 베이컨·햄 등 수제 육가공을 만드는 동호회, 커피를 맛있게 우려내는 동호회까지 소위 '아웃도어' 요리들에 관심을 갖고 있는 사람들이 무척 많았다. 더구나 프로의 경지까지 올라 있는 실력자들이 많다는 점도 알게 되었다.

농업은 1차 산업이라는 편견을 버리고 주위를 둘러보면 농촌에 접목할 수 있는 아이템은 무궁무진하다.

6장

혼자서는
갈 수 없다

텃세는 있다,
그렇다고 이방인으로 살 것인가

나는 I턴을 한 귀농인이다. I턴이란 도시에만 죽 살던 사람이 귀농한 경우를 말한다. 반면 U턴은 고향 농촌으로 귀농하는 것을, J턴 귀농은 자기 고향이 아닌 농촌으로 귀농하는 것을 말한다.

이 가운데 U턴을 제외하고, 대부분의 귀농인은 토착민과 갈등을 겪게 된다. 특히나 굴러온 돌이 승승장구하고 있다면 박힌 돌의 질투심도 급격히 커진다.

한번은 이런 일이 있었다. 신지식인 농업인에 뽑힐 만큼 실력을 갖춘 농부 한 분이 계셨다. 둘째가라면 서러워할 만큼 자기 일에 충실한 분이셨다. 그해도 일찍부터 농사를 준비하여 경상북도에서는 첫 번째로 모내기를 하게 되었다. 지역에서는 이런 게 토픽감이다. 도지사님이 직접 참석하여 모내기 행사를 가졌다. 그렇게 한 해가 다 가고 벼를 수확할 시기가 되자 자연스럽게 그분의 논이 첫 벼베기 행사지로 선정되었다. 제일 먼저 심었으니 추수도 제일 먼저 하는 것이 자연의 순리 아닌가. 이번에도 도지사님이 참석했다.

그러자 뒷말이 무성했다.

'어째서 도지사는 그 사람만 홍보해주는지 모르겠다.'

사람들이 쑥덕거리는 말을 듣고, '아직 여물지도 않은 당신네 논에서 첫 벼 베기를 해야 하겠는가?' 하고 톡 쏘아 붙이니 묵묵부답이다. 자연의 이치를 모르는 바는 아닐 테지만, 남이 잘 되는 꼴을 못 보는 것이 농촌의 정서일지 모른다.

내가 칠곡과 인연을 맺은 지 벌써 10년째이다. 그 사이 칠곡군 농정심의위원, 군 농촌관광협의회 자문위원, 군단위 매실연구회 회장, 친환경 농업인회 회장, 녹색농촌체험마을 추진위원장, 군 문화원 이사 등등 지역농업계의 유지가 되었지만 집단적인 질투심은 끝이 없다. 그들이 보기에는 아직도 나는 이방인인 모양이다.

그동안 피땀 흘려 시설을 갖춘 덕분에 칠곡에도 도시 사람들의 왕래가 잦아졌다. 이런 노고를 수고했다고 격려해주는 사람이 있는가 하면 뒤에 숨어서 온갖 악의적인 소문을 만드는 사람들도 존재한다. 그럴 때마다 지금까지 고생하며 농사지은 일이 참 허무하게 느껴졌다.

초기에는 수확물을 선별할 공간조차 없었다. 맨땅에 비닐을 쳐서 햇빛과 비를 막고 그 속에서 작업을 했다. 비가 억수로 쏟아지는 날은 빗물의 무게를 이기지 못하고 지지대가 푹 꺾여 물벼락이 쏟아졌다. 질퍽한 작업장으로 지게차를 끌고 다니다 보면 한쪽 바퀴가 빠져 옴짝달싹하지 못하는 상황도 벌어진다. 매실 상자를 옮기던 지게차가 고르지 못한 바닥 때문에 균형을 잃고 쓰러지는 일도 다반사였다. 쏟아진 매실을 줍고 끝나는 일이 아니라 새로 물 세척 하고 건조시키고 재선별 하는 복잡한 과정이었다. 그렇게 갖은 고생을 하면서 어렵사리 지은 선별장이었고, 저온저장창고였고, 콘크리트 바닥이었다. 또 대규모 체험행사나 농업행사를 열기 위해 공간 확보에 심혈을 기울였다. 농장 직원들이 그만큼 힘겹게 이룩한 일이었다. 숱한 공모전의 수상은 바로 이런 노력이 토대가 되었기에 가능했다.

　그런데 상을 받기 시작하면서부터 뒷말이 잡초 자라듯이 무성해졌다.

　'아니, 군청에서는 왜 상을 골고루 나누어주지 않고 한쪽에만 편중을 시키면 어떡한데?'

　속담 하나 틀린 것 없다고 모난 돌이 정을 맞는 곳이 시골이다. 그래서 사람들은 중간만 가면 된다고 여긴다. 요컨대 이상한 평준화가 이루어진다.

　특히 열심히 일하는 사람일수록 입방아에 자주 오르내린다. 감시가 시작되고 미흡하거나 서운한 일이라도 있으면 봄날 아지랑이처럼 소문이 피어오른다. 그렇게 보이지 않은 곳에서부터 성토가 일어난다. 시장에 나타날 리 없는 호랑이도 세 명이 입을 모아 '호랑이가 나타났다'고 외치면 정말이라고 믿어버리는 게 사람이 아닌가. 비난이 하나둘씩 쌓이면서 없던 얘기는 사실이 되고 만다.

더욱이 평소 잘 따르고 내 앞에서는 존경한다, 배우고 싶다며 나를 치켜세우던 업계 동료가 내가 없는 자리에서 흉을 보는 일도 있었다. 이럴 때는 또 어떻게 해야 하나. 그럴수록 겸손하게 처신하자고 다짐하지만 이미 마음은 썩어문드러진다.

악의적인 소문은 모습을 드러내지 않는다. 귓속말을 통해 은밀히 퍼진다. 그렇게 돌고 돌던 소문이 지자체 기초의원의 귀에 들어가고, 어느 날부터 행정당국의 압력이 시작된다. 더불어 지자체의 지원이 뚝 끊어진다.

결과론적인 말이지만 그 덕분에 나는 중앙 정부에서 진행하는 국책공모사업으로 관심을 돌리게 되었다. 사실 지방 정부의 지원 예산은 재정상 열악할 수밖에 없고, 알게 모르게 지자체 선거에 영향을 받기 마련이다. 나아가 중앙 정부에서 전국적인 경쟁을 뚫고 과제에 선정되면 물심양면의 지원뿐 아니라 명예도 얻을 수 있다. 개인적으로 나는 중앙 정부 사업에 뛰어들면서 정보 수집, 사업계획서 작성 방면에서 실력을 쌓을 수 있었다.

그러면 어떻게 해야 할까? 처음부터 왕따로 살면서 지역에는 신경 쓰지 말아야 하는 것일까. 아니면 쓸데없는 오해에 시달리지 않기 위해서는 그저 중간 정도만 가야 할까.

내가 선택한 해답은 '철저하게 지역민으로 거듭나라.'였다. 기왕이면 지역을 위해 봉사하는 일꾼이 될 필요가 있다.

나는 비전을 제시하며 우리가 가는 길이 결국에는 지역 전체를 위한 길임을 시간 날 때마다 설명했다. 동시에 작업 환경을 개선하며 발전 방향을 실물로 보여주었다. 지금도 나는 선별 시설, 유통 시설이 어떻게 지금의 모습을 갖추게 되었는지 돌이켜 보며 내 선택이 틀리지 않았음을 확신한다. 사람들은 내가 가는 길에서 자신들의 미래를 보았고, 나는 그들에게 농장을 개방하여 이곳에서 교육이 이루어질 수 있도록 했다. 이런 과정은 계약재배 농가를 늘리는 데도 한몫을 했다.

연고도 없는 도시 떠돌이가 농사짓겠다고 기어 들어와서는 요란스럽게 시설 갖추고 하는 모양새가 지역민으로서는 보기 언짢을지도 모른다. 그래서 더더욱 마음의 벽을 허물지 못하는지도 모른다. 어떤 의미에서 귀농인은 마을을 이끄는 지도자가 될 필요도 있다. 농촌의 청사진을 보여주어야 할 때도 있고, 숱한 편견을 깨야 할 때도 있다. 이 모든 게 귀농인의 몫이라고 한다면 너무 부담이 클까. 그러나 도전의 성취감을 그 무엇에 비교하겠는가.

＊참고가 될 만한 자료 한 가지를 부록에 소개한다. 한번은 새로운 군수가 취임한 직후, 지방 정부에서 우리 송광매원으로 감사를 나왔다. 무슨

오해가 있었던 모양이었다. 당시 나는 군수님 앞으로 편지를 보내서 논리적으로 차근차근 해명을 했다. 다행히 오해는 풀렸다. 그때 군수님께 보냈던 진정서를 뒤편에 실었다. 참고하기 바란다.

매실연구회 탄생,
개울이 모여 강물을 이루다

지역민과 호흡을 맞춰야 하는 이유는 단지 정착하기 위해서만은 아니다. 농업 비즈니스는 결코 혼자서 이룩할 수 없다.

누군들 농사를 지으면서 자수성가하고 싶은 마음이 없을까. 그러나 농사를 짓다보면 알겠지만 우리의 경쟁 상대는 타 농가가 아니라 규모임을 깨닫게 된다. 대형 유통업체부터 대기업 생산업체까지 나아가 세계 시장에 군림하는 외국 기업도 모두 규모의 경제를 달성하고 있다. 각 농가가 공룡 기업들과 맞서 싸우는 것은 계란으로 바위 치기. 내가 도달한 결론은 흩어져 있는 개별 농가들이 힘을 합치는 수밖에 없다는 것이었고, 그래서 나는 교육에 심혈을 기울이게 되었다.

귀농 초기, 교육에 관심을 갖게 된 계기는 계약재배 농가를 늘리기 위해서였다. 판매처가 늘고 매출이 증가하자 더 많은 작물이 필요해졌다. 더 이상 혼자서는 감당할 수 없었다.

초기에는 주로 외지 사람들이 매실 재배에 관심을 보였다. 전국에 매실 붐이 일고 있을 때였고, 마침 권병탁 박사님의 600년 묵은 매화나무를 통해 송광매원이 언론에 홍보되고 있을 때였다. 그러나 묘목만 가져간다고 재배가 끝나는 것은 아니다. 친환경품질인증을 받지 못한 매실은 생과로 팔 곳이 없었다. 그래서 가공수출용으로만 썼는데 문제는 가격을 후하게 쳐줄 수 없었다는 점이다. 이를 개선하려면 '무농약' 이상의 품질인증을 받아야 했고, 그러려면 친환경재배 방법을 가르쳐야 했다.

처음에는 배우는 그들이나 가르치는 나나 친환경농법에 대한 지식이 얕았다. 두세 차례 강의를 하고 나면 지식이 밑천을 드러냈다. 사람들을 가르치려면 더 많이 배워야 했다. 농업 교육이 열린다는 정보를 입수하면 전국 어디라도 찾아다녔다. 관련 전문가에게 무릎 꿇고 배움을 청하기도 했다.

그러나 나 혼자 교육을 감당하기에는 비용이나 수업 내용에서 무리가 따랐다. 틈틈이 정부의 교육 지원책을 수집했지만 적당한 방안을 찾을 길이 없었다. 답답한 것은 나뿐이 아니었다. 매실 재배 농가들도 하루 빨리 재배 달인이 되고 싶었던 것이다.

그렇게 수년이 지났을 무렵에는 송광매원이 있는 칠곡에도 매실 재배 농가가 자리를 잡기 시작했다. 곧 매실 농가를 규합하여 '칠곡군 매실연구회'를 결성했다. 이 정도 규모면 농업기술센터에 지원을 요청할 수 있겠다 싶어 문의하였으나 걸림돌이 있었다. 다른 작목과 달리 전업농가의 구성 비율이 낮아서 전폭적인 지원이 힘들다는 답변이었다. 매실은 타 작물보다 재배가 쉽기 때문에 취미 삼아 매실을 기르는 농가가 많았고, 또 현지인보다는 귀농인이 많았던 탓으로 각종 지원에서 후순위로 밀렸다.

'이 사실을 어떻게 알려야 할까. 모처럼 좋은 기회가 왔다고 생각했는데 혹시라도 실망하지 않을까. 지금 정부의 지원을 받을 수만 있다면 매실 농가의 친환경재배 수준을 확 끌어올릴 수 있을 텐데.'

다행히 상황을 전해들은 회원들은 별다른 동요를 보이지 않았다. 아마도 나를 믿어준 모양이었다. 지금껏 나는 나를 위해 일한 적이 없었다. 한 푼이라도 생기면 일단 교육이나 공동시설 확충에 보탰다. 그런 게 통한 것이 아니었을까. 회원들은 굳건히 나의 버팀목이 되어 주었고, 서로 힘을 합쳤다.

자체적인 교육 방법을 찾아보기로 했다. 십여 명으로 출발한 매실연구회는 수년 뒤 80여 농가로 늘어났다. 예전처럼 주먹구구식으로 나 혼자 강의를 하는 것에는 무리가 따랐다. 특히 우리의 목표인 6차 산업1차 재배부터 2차 가공, 3차 유통까지 한꺼번에 아우르는 농산업을 이르는 말을 지향하려면 단순히 농업 기술이나 친환경재배법만을 가르쳐서는 안 될 것 같았다. 매실을 가공하는 방법부터 매실을 이용한 조리 방법, 매화와 농촌문화의 접목 등 농사만 짓고 땡 하는 것이 아니라 2차 산업, 3차 산업으로 확대할 수 있는 방안을 찾아야 했다.

매실연구회는 비교적 지식계층이 많았다. 그래서 직능별로 자체적인 강사를 찾을 수 있었다. 몇몇 귀농인들은 예전 직업에서 익힌 노하우를 농촌사회에 접목시키는 수준 높은 교육안도 제안했다.

'우리끼리라도 잘해보자.'며 의기투합하여 진행한 매실연구회는 한 달에 한 번씩 열리는 정기 모임으로 확대되었다. 그렇게 횟수를 거듭하자 다른 지역에서 소문을 듣고 교육에 참여하는 사람도 생겼다.

그러던 어느 날 한국농업신지식인 연합회에서 '뉴 웨이브 농업인 아카데미'라는 과제를 공모했다. 요컨대 전국의 신지식인들을 대상으로 현장 교육안을 공모하는 대회였다. 딱 매실연구회를 위해 마련된 공모전 같았다. 준비가 따로 필요 없었다. 그간 축적된 매실연구회의 교육안을 제출했고, 선정자가 되었다.

연구회 식구들은 박수를 치며 기뻐했다. 곧 교육에 따른 예산이 지원되었고 전문 강사를 초빙할 만큼 강사비도 넉넉했다. 재료비가 많이 드는 매실 요리 실습도 부담 없이 진행할 수 있었다. 실수요에 따른 교육 내용이었기 때문에 내실이 알찼다. 마침 대산농촌문화재단에서 별도의 농업 교육프로그램을 할 수 있도록 지원해주어 원 없이 교육 시간을 만들 수가 있었다.

156

선후가 뒤바뀐 전략은
위태롭다

이러한 소문이 전국적으로 알려지자 송광매원의 교육 방식이 우수 사례로 소개되기 시작했고, 더불어 자문을 구하는 타 농촌 공무원도 생겼다. 개중에는 매달 열리는 뉴 웨이브 매실 교육을 청강하는 사람도 있었다. 나는 종종 그들의 요청에 따라 그들의 고장으로 방문하여 농업인들을 상대로 강의하게 되었는데 생각보다 많은 농업인들이 여전히 과거의 농업 방식에서 벗어나지 못하고 있었다.

나는 그들에게 농업의 미래에 대해 얘기했다.

"과거에는 농업이 1차 산업이면 족했습니다. 그러나 지금은 2차 산업으로도 부족합니다. 3차 산업만 해서도 안 됩니다. 1차부터 3

차까지 아우르는 6차 산업을 해야 합니다."

나는 비록 귀농을 한 지 10년밖에 안 됐지만 6차 산업의 길을 먼저 가본 선배로서 그들에게 많은 조언을 들려주었다.

대부분의 귀농인들이 실패하는 이유는 두 가지로 압축된다. 부족한 자금과 빈약한 사업계획이다.

첫째, 빠듯한 자금.

한 톨의 쌀알을 심으면 수천, 수만 개의 쌀알이 나온다. 그러나 돈은 그렇지 않다. 빠듯한 자금으로 시작하면 빠듯한 형편에 쫓겨 어렵게 끝날 가능성이 높다.

둘째, 이상은 높고 현실성은 없는 사업계획.

이 문제는 종종 정부의 보조 사업과 연결된다. 다행히 정부 보조 사업을 따냈으나 현실성 없는 사업계획으로 돈을 모조리 까먹는 경우가 흔하다. 가장 큰 문제는 현실성 없는 사업계획임에도 불구하고 그저 정부에서 보조해주겠지 하고 안심해 버리는 경우이다. 정부 보조금은 마치 마약과 같아 사람들은 실패하면 다시 받으면 된다는 식으로 안일하게 여기고 그래서 결국 정부도 농부도 모두 실패에 이르게 된다.

나는 실패하는 가장 큰 이유로 선후가 뒤바뀐 전략을 꼽는다. 대개 사람들은 판로를 개척하지 않은 상태에서 설비에 먼저 투자하고 본다. 공장만 지으면 물건은 저절로 팔릴 것이라고 믿어버리는 경향이 크다.

그러나 내 경우에도 그렇듯이 먼저 판로를 개척해서 어느 정도 자신이 생겼을 때 제조설비를 갖추어도 늦지 않는다. 요컨대 판로를 개척했다는 말은 판매량을 예측할 수 있다는 뜻이고, 그렇다면 적정 규모의 설비를 지을 수 있다는 말이다. 만일 필요하다면 기존에 가공시설을 보유한 곳에 위탁하여 농특산물을 생산하면 된다.

나는 농부들에게 강의를 할 일이 생기면 반드시 이런 얘기를 들려주었다. 그들이 수긍하면 곧 송광매원의 시설을 활용해 보라고 제안했다. 그래서 더러는 위·수탁 가공 주문을 받기도 했다.

한번은 농진청에서 농촌 지도자들을 대상으로 워크숍을 개최했는데 그 자리에서 벤치마킹 대상지로 송광매원이 결정되어 특강을 요청받은 일이 있었다. 특강 자리에서 나는 가공설비의 효율적 운용 방안에 대해 설명했고, 이를 주의 깊게 들은 청도군의 담당자가 관심을 보이며 동감의 뜻을 비쳐왔다. 얼마 뒤 담당자는 청도군 미나리재배 농가들을 이끌고 현장탐사를 나오게 되었고, 훗날 미나리 엑기스의 가공을 우리에게 의뢰했다.

그런 인연을 토대로 나는 그들에게 판매를 위한 법률적인 체계, 바코드 따오는 법, 포장기술, 판매처 소개 등의 비법을 성실히 가르쳐 주었고 그들 또한 매사를 우리와 상의해가며 농산업을 전개하는 사이가 되었다.

벤처농업대학의 동문 한 명은 제주도에서 10만 평의 토지에 관광농원을 조성했다. 그는 매실 재배와 농촌관광에만 전념하고 가공은 송광매원에 의뢰하는 전략을 택했다.

무주군도 강의를 나가면서 인연을 맺게 되었는데 무주군 반딧불이 농특산물인 반디 매실을 우리가 전담 가공해주는 형태로 업무 제휴를 체결하고 일정 수준 매출을 달성할 때까지는 공장 건설을 미루기로 하였다. 그 외에도 포항시의 오디엑기스, 영천시의 복분자 등 다수의 지자체에서 농특산 상품의 임가공을 주문해왔다.

그렇게 강의를 다니고 협력관계를 맺으면서 나는 또 하나의 사업 방식을 구상하게 되었다. 예컨대 서로 중복되지 않는 설비를 갖추면 설비 품앗이가 가능하리라는 생각이었다. 협력관계에 기반을 둔 인프라가 구축되면 얼마나 근사한 일일까. 대기업이 장악하고 있는 시장 상황을 고려하면 농기업끼리의 역할분담은 큰 파급 효과가 있으리라고 생각했다.

농업의 특수한 점 가운데 하나가 농가끼리 협력이 가능하다는 점이다. 일반 기업에서 리더는 자기 회사의 리더이면 그만이다. 그러나 농업의 경우 리더는 농촌 전체의 리더가 되는 경우가 흔하다.

농기업이 서로 협력하는 그런 날이 찾아오면 나는 지금껏 6차 산업을 추구해온 사람으로서 개인의 이익을 포기하고 농촌 전체를 위해 앞장서야 할지 모른다. 요즘 부쩍 그런 생각이 드는 것이 아마도 그게 나의 갈 길이 아닐까 생각해 본다.

토종 매실나무를
무료로 나누어주다

바둑에는 큰 곳과 급한 곳이 있다고 한다. 귀농 역시 큰 곳과 급한 곳이 있다. 큰 곳은 사업일 터이고, 급한 곳은 지역에 녹아드는 일이다. 지역에 녹아드는 방안은 여러 가지가 있을 터이나 나는 지역을 위한 봉사가 그 가운데 가장 크다고 본다. 당신의 도움이 필요로 하는 곳이라면 언제든지 나서도록 하자.

마침 토종 매화 보급 사업을 하고 있던 우리로서는 매화 보급을 확대하는 것이 지역을 위한 봉사라고 생각했다.

권병탁 박사님을 만나고 토종 매화 보급 사업을 시작하면서 나는 초등학교와 중고등학교에 토종 매화를 무료로 기증하여 숲을 만들어주었다. 처음에는 교장선생님이 손수 찾아오셔서 학교 교화를 매화로 바꾸고 매화 숲을 조성할 계획인데 예산이 부족하니 묘목을 좀 싸게 팔아달라고 부탁하셨다. 그날 즉시 학교로 찾아가 조경 상태를 둘러본 후 제일 좋은 자리에 매화 성목 10그루에다 묘목 100주를 희사하고 직접 심었다.

교장선생님은 정말 고맙다며 이러고 그만둘 것이 아니라 이참에 칠곡군 교육청의 교육장을 모시고 기념식수를 하면 어떻겠느냐고 제의하셨다. 며칠 후 교육장 및 학부모 대표와 함께 행사를 가졌는데 지역 언론에서 참신한 지역사랑으로 묘사하여 보도해주었다. 소문이 퍼지자 곧 각 학교에서 매실나무 기증을 요청해왔는데 단한 번도 거절한 적이 없었다. 내가 돕는 만큼 반드시 그 답례를 받게 됨을 잘 알기 때문이다. 이 또한 농촌의 정서 가운데 하나이다.

나무가 성목이 되고 아름다운 매화 숲으로 변해가면서 학생과 선생님 그리고 학부모들이 애착을 갖게 되고 그 숲을 조성해준 송광매원을 기억하게 된다. 우리의 제품을 매장에서 우연히 접하면 송광매원을 떠올리며 자연스런 구매로 이어질 것이고, 또한 언제든지 마음만 먹으면 그 숲을 이용한 홍보이벤트도 가능하리라는 복안이었다. 봉사도 하면서 홍보도 되니 금상첨화가 따로 없다.

이후 칠곡군 소재 시민공원의 주민문화복지회관, 노인회관 등에도 토종 매화 숲을 만드는 등 기회가 생길 때마다 부지런히 그리고 아낌없이 매화 숲 조성에 나섰다. 얼마 뒤에는 군청관계자로부터 요즘 송광매원이 지역사회를 위해 열심히 일한다는 소문을 들었다며 격려해 주었다.

이처럼 지역 사회에 대한 봉사는 우리를 빠르게 지역사회로 편입시켜 주었다. 무엇보다 지역민이라는 자각이 중요하다. 우리 동네라는 마음으로 크고 작은 일에 동참해야 이방인이라는 느낌을 지울 수 있다.

한편 지역 봉사와 별개로, 매화 보급 사업은 송광매원 홍보에 크나큰 역할을 했다. 마침 그 무렵, 이어령 박사님이 쓰신 『매화』라는 책이 출간되었다. 우리나라 고매와 매화 문화에 대해 다룬 책이었는데 약 8쪽 분량으로 우리 송광매원을 상세히 기술해주셨다. 역시 덕망 있는 분이 쓴 글이었다. 그 덕분에 안동시에서 진행하는 토종 매화 기념식수 행사에 우리 송광매원의 토종 매화나무가 선택되었다.

비슷한 시기, 안동시는 마가레트 덴마크 여왕의 방문에 맞춰 도산서원에다 토종 매화를 기념식수 한다는 계획을 세우고 있었다. 안동시청에서 이를 위해 토종 매화를 수소문한다는 정보를 입수하고 곧 당국자에게 우리 매화를 소개했다. 처음엔 반신반의하면서 시큰둥한 반응을 보였다. 그래서 이어령 박사의 책 『매화』를 보냈다. 며칠 뒤 담당과장이 칠곡까지 찾아왔다.

"설마 토종 매실이라고는 생각지도 못했습니다. 정말 죄송합니다. 나무를 기증해주시면 기증자의 명패를 달아 도산서원을 찾는 방문객들이 잘 볼 수 있도록 조치를 하겠습니다."

 덧붙여 안동시장으로부터 '정말 귀한 토종 매화나무를 구했다'는 칭찬을 들었다고 한다. 안동시청 홍보부서에서 칠곡과 안동 지역에서 동시에 기사가 나가도록 기자들을 섭외하기도 했다.

 그 덕분에 고신대학교 총장님의 요청으로 벚꽃이 장관을 이루는 부산 태종대 소재의 학교 교정에 매화 숲을 조성했고, 관할 지자체인 영도구에서는 추후로 태종대에 점차적인 토종 매화 숲을 조성하겠다고 의지를 밝혔다. 하지만 그곳에는 기증하지 않고 유료로 매실나무를 공급했다. 재정이 어려운 곳은 무료로 주고 여유가 있다고 판단되는 기관은 어김없이 예산을 세워 달라고 요구했다.

 그 외에도 경기여고 교정, 춘원 이광수묘역, 동강의 제장마을 등등 수많은 곳에 토종 매화 숲을 조성했다.

'이 바닥'은 의외로 좁다

한번은 예전 신문사 근무 시절 친분을 맺었던 구미시장님이 한번 만나자는 전갈을 보내왔다.

"구미시는 오래 전부터 공업도시라는 이미지가 굳어 있습니다. 최근 회색 느낌의 이 도시를 친환경 녹색도시로 탈바꿈하기 위해 천만 그루 나무심기를 계획하고 있습니다. 그런데 막대한 예산 때문에 도무지 엄두가 안 나네요. 그래서 지역사회의 기업을 통해 희사받으려고 하는데 대대적인 협조를 이끌어낼 자신이 없습니다. 그래서 말인데요. 먼저 송광매원에서 기증을 한다면 자연스럽게 명분이 생길 것 같습니다."

요컨대 이웃 군에 사는 농사꾼도 자발적으로 참여를 하는데 우리

군의 기업들은 뭐 하고 있느냐는 식의 이야기가 가능하다는 뜻이었다. 흔쾌히 승낙하고 매화나무 수십 그루를 헌납했다.

"안녕하세요? 구미시 시청입니다. 서명선 대표님 되십니까?"

"예, 그렇습니다만."

"이번에 기념식수 행사가 있는데 참여 가능하신지 여쭤보려고 전화했습니다."

매화나무를 보내고 한참이 지났을 때였다. 구미시 공무원으로부터 기념식수 행사에 참가해달라는 연락을 받았다. 매실나무 몇 개 준 게 무엇이 그리 대단한 일이냐고 고사했다.

"사장님이 안 오시면 시장님한테 혼납니다. 제발 꼭 참석해 주십시오."

기어이 거절을 못하고 식수 행사에 참석하게 되었다.

식수 식장은 낙동강이 흐르는 동락 공원으로 구미시에서 심혈을 기울여 조성한 강변 공원이었다. 우리 매실 묘목을 심은 장소는 금오산 정상이 지척에 보이는 곳으로 낙동강의 풍광을 즐길 수 있는 명당자리였다. 이곳에 오르는 모든 이들에게 이 탁 트인 전망과 함께 송광매원 네 글자가 기억 속에 아로 새겨지리라고 생각하니 즐겁기 그지없었다.

시청공무원을 따라 기념 식수장으로 갔다. 기념식수에 참석한 사람은 시장님과 D기업 회장님, 그리고 나였다. 조금 부담스러운 자리였지만 회장님께 인사를 드리고 소파에 앉았다. D기업 회장님이

'시장은 언제 오냐.'고 구미시 공무원에게 통명스럽게 물었다. 아마도 지체 높으신 회장님과 시골 농부가 기념식수를 함께한다는 것이 불쾌했던 모양이다. 자리를 슬그머니 벗어나니 구미시 공무원이 따라오며 '기분이 나빠도 좀 참아달라.'고 애원한다. 혹시 내가 그냥 가버리면 어쩌나 하고 걱정한 모양이었다. 그러면서 D기업 회장님은 2억 원 상당의 느티나무를 기증했다는 말을 덧붙였다.

그날따라 도착이 늦는 시장님을 함께 기다리던 중 D기업 회장님이 불쑥 말을 건넸다.

"송광매원에서 기증하는 나무는 돈으로 얼마나 됩니까?"

기분 좋은 질문은 아니었다. 은행 사람들 눈에는 모든 것이 돈으로밖에 보이지 않나 하는 생각도 들었다. 그러나 굳이 그렇게 생각할 필요가 있나.

"잘 모르겠습니다만 시가로는 약 일억 오천 정도 되지 않을까요."

말이 떨어지기 무섭게 회장님이 내 손을 덥석 잡는다.

"아, 서 사장 정말 대단하십니다. 농업을 하시면서 그렇게 장한 일을 하시다니요……."

갑자기 서먹했던 분위기가 반전되었다. 옆에서 지켜보던 공무원이 나에게 슬쩍 윙크를 했다. 회장은 우리 매원에 대해 세세히 물어보며 관심을 주었다. 이윽고 시장님이 도착했고 D기업 먼저 '2억짜리' 기념식수를 하게 되었다. 그런데 회장님이 다른 대열에 서 있는 나를 굳이 기념촬영을 하는 주빈석에 함께 서자고 끌어당기셨다. 그뿐 아니라 2억짜리 기념식수와는 거리가 한참 먼 우리 쪽의 기념식수 행사장까지 도보로 동행했다. 돈으로 따질 수 없는 일이지만 역시 '1억 5천만 원'짜리 토종 매화 숲의 위력을 실감할 수 있었다. 현장에 도착해서 보니 내 이름 석 자와 송광매원 네 글자를 크게 새겨놓은 기념 비석이 세워져 있었다. D기업과 똑같은 것이었다.

이런 인연으로 우리 제품들이 D기업의 선물용품으로 채택되기도 했으니 도랑 치고 가재 잡은 셈이었다. 나중에 구미시에서 보내온 자료를 보니 참으로 많은 신문에 대서특필되었다.

기억해야 할 것은, 이런 활동들이 돌고 돌아 칠곡까지 전파된다는 점이다. '바닥'은 의외로 좁게 마련이다. 얼마 뒤 칠곡군청에서 이 소식을 접했는지 한동안 칠곡군에서도 화제가 되었다. 곧 면 단위 유지들의 모임인 목요회에서 가입을 제의하기도 했고, 이어서 칠곡군 농정심의 위원, 평통자문위원, 칠곡군 친환경농업인회의 회장으로 위촉되기도 했다. 훗날이긴 하지만 칠곡군 문화원 이사로도 추천되었다. 비교적 이른 시간에 칠곡의 주민 및 지역의 유지로 자리를 잡게 되었는데 이는 모두 그들이 나를 필요로 할 때 내가 거부한 적이 없었기 때문이다.

지역민으로 인정을 받거나 유지가 되면 더 이상 오해를 살 일이 없고, 협력을 이끌어낼 수 있다. 특히 시골은 도시와 다른 정서가 지배하는 곳이다. 도시에서라면 불합리하게 느껴졌을 법한 일들이 이곳에서는 상식으로 이루어진다. 그러나 도시가 옳고, 시골이 나쁘다는 식의 이분법은 옳지 않다. 시골 사람들이 보기에는 도시의 정서 역시 이해되지 않는 부분도 많으니까 말이다. 어쨌든 귀농에서 가장 급한 문제는 지역민으로 녹아드는 것으로, 그래야 에너지를 불필요한 곳에 소모하지 않을 수 있다.

정부(지자체)의
지원 제도를 활용하라

"**안**녕하십니까, 서 사장님? 직원들에게 말씀 많이 들었습니다."

낙동강 강변에 매실 묘목을 심은 지 얼마 안 됐을 때였다. 하루는 칠곡 군수님이 찾아오셨다. 당시 나는 지자체의 역할에 대해 무지했다. 그저 새로운 작물을 시도하는 게 가상해서 일부러 찾아오신 것이 아닐까 하고 생각했다. 실제로는 언론을 통해 소개된 나의 수상 소식과 관련 기사를 보고받고 일부러 방문하신 것이었다.

군수님을 모시고 농장을 둘러보며 농장 현황을 말씀드렸다. 낙동강 강변이 보이는 곳에 다다랐을 때 군수님께서 대뜸 물으셨다.

"서 사장, 우리 군을 상징하는 꽃이 매화인 것을 압니까?"

뜻밖의 말이었다. 낙동강 저편을 바라보니 벌써 해가 뉘엿뉘엿 지고 있었다.

"우리 군화가 매화이니만큼 매화 농장을 잘 꾸며서 도농복합 도시인 우리 군에 좋은 환경을 만들어 주십시오. 또 언제든 어려운 일이 있으면 찾아오시고요."

옆에 칠곡군 농정을 책임지는 산업과장님이 배석했다.

"칠곡에 잘 오셨습니다. 반드시 성공하십시오."

그동안 도시에서만 살아왔기에 군수가 얼마나 영향력 있는 사람인지 감을 잡지 못했다. 그런데 군수님 방문 후 산업과에 들르니 벌써 대우부터 달랐다. 과장님이 각 담당계장을 불러 일일이 소개해주셨다. 과장님은 이후로도 농업 관련 교육 일정이 잡히면 미리 알려주시는 등 여러 모로 도움을 주셨다. 그래서 여건만 허락되면 만사 제쳐두고 열심히 찾아다녔다. 군청 산업과에서는 농업기술센터를 소개해주었고, 인프라도 마음껏 활용하도록 배려해 주셨다.

지자체의 도움은 크게 사업자금 지원과 상품 구매로 양분된다. 사업자금 지원사업은 송광매원 같은 지역 선도 농장을 농기업으로 육성하는 것이 골자로, 고용 창출과 지역농가의 소득 증대에 이바지하거나 사업적 가치가 충분하다고 판단될 때 지원이 이루어진다. 만일 성공 귀농을 꿈꾼다면 지자체의 정책은 꼭 알아두어야 한다.

다른 사업과 달리 농업은 국가 보조금이 상당한 편이다. 사실 신문사 퇴직 후 일식 프랜차이즈 사업을 운영하면서 공무원이 싫어졌었다. 툭 하면 위생이다, 소방시설이다 단속 나오고, 어느 날은 국세청에서 왔다며 업체 사정을 무시한 채 세무사찰을 감행하여 세금을 물렸다. 하지만 농업은 국가 지원 사업이기 때문에 사정이 달랐다.

벤처기업 사장들이 한결같이 하는 말이 있다.

'사업에는 아이디어도 중요하지만 자금이 더 절실하다.'

자기 자본이 두둑하거나 부모님이 사업자금을 대준다면 그 이상 바랄 것이 없다. 그러나 집안이 넉넉한 사람은 생각만큼 많지 않다. 그래서 정부와 동업을 하는 게 가장 좋은 일이라고들 말한다. 배신당할 일도 없고, 금리도 낮으니 얼마나 좋은가.

막상 귀농을 하고 보니 보조금 명목으로 사업자금을 차입해줄 뿐만 아니라 아예 지원해주기도 한다는 사실에 깜짝 놀랐다. 흡사 눈먼 돈이 떠다니는 것은 아닌지 착각이 들 정도였다. 물론 그 지원금은 개개인의 치부를 위한 돈이 아니다. 그만큼 지원책이 많다는 뜻이다.

나는 지금까지 지역특화사업, 소규모 친환경지구조성사업, 벤처농업인 육성사업, 첨단농업기술조성사업, 칠곡군 향토사업 등의 사업비를 지원받았다. 개인이 자금의 50%를 부담하는 형태이긴 해도 이 정도 지원을 받기는 생각만큼 쉬운 일이 아니다. 그뿐 아니라 농업인턴제의 급료지원사업, 물류표준화 사업, 택배비 지원, 친환경농자재지원사업, 도농교류사업을 비롯하여 국가 기술연구

개발사업 등까지 크고 작은 지원을 받았다.

특정 기업이 아니라 마을단위로 이루어지는 지원 사업으로 녹색 체험마을, 테마형 체험마을 조성사업, 진입로 포장사업 등도 있었는데 우리 기업으로서도 큰 도움이 되었던 지원책이었다.

이런 지원은, 물론 개개인의 노력 없이는 불가능한 일이지만, 그 이전에 지자체와 어떤 관계를 맺을 것인가 하는 문제도 중요한 요소가 된다.

6차 산업을
향해

매실의 '매' 자도 모르던 귀농 초보가 신지식인 144호에 선정되다

우수 유통업체에 입점하게 되면 생산자는 갑과 을이라는 등식에 따라 불리한 위치에 놓이게 된다. 그러나 잘 보면 '매출 증대'를 놓고 협력 관계를 맺을 수 있는 여지도 있다. 바이어는 이 분야의 전문가들이다. 그들은 매장에서 이루어지는 소비자의 행동 패턴에 민감하다. 대부분의 바이어들이 퇴직하여 납품업체로 독립했을 때 성공하는 이유는 근본적으로 소비자를 잘 알기 때문이다.

그들이 요구하는 신상품을 만들면 성공률이 높다. 내 경우에도 바이어의 개선 요구를 수용하면서 포장디자인을 새로 개발했고, 공정을 개선했으며, 신상품을 개발했다.

그러나 신상품 개발은 결코 혼자서 이룩할 수 있는 일이 아니었다. 연구소를 보유하고, 박사급 인원을 가동하는 기업에서도 1년에 출시하는 신제품의 수는 소수에 불과하다.

연구 인력이 없는 우리로서는 신제품 개발은 그림의 떡이었다. 그래서 부지런히 대학교 연구소를 찾아다녔다. 듣자 하니 많은 농민들이 다녀간다고 한다. 뚱딴지같은 개발 아이템을 들고 찾아와서는 무작정 연구해달라는 농민이 한둘이 아니란다. 소요되는 비용이 한두 푼이 아니니 잘 생각해 보라고 타이르면 대개는 단념하고 돌아가지만 가끔은 살려달라며 바짓가랑이를 붙잡고 생떼 쓰는 사람도 있단다. 교수도 월급을 받고 사는 사람들인데 어떻게 무료 봉사를 하겠는가. 반면 국가 지원으로 수행된 농업 관련 연구 실적은 많지만 기술을 이전할 농산업체가 없어 사장되는 경우도 있다. 어쩌면 이것이 우리나라 농업의 현실인지 모른다.

잘 찾아보면 실용화 기술개발을 위한 국가 차원의 연구비 지원 프로그램이 있다. 그러나 연구사업계획서를 심사하고 수행업체의 능력을 평가하기 때문에 선정되기는 쉽지 않은 일. 국가로서도 성과를 남기지 못하면 자칫 돈만 날리는 상황이기 때문에 심사 기준이 꽤나 까다롭다.

우선 참가 자격을 얻으려면 벤처기업으로 등록해야 한다. 또한 공장시설 및 생산공정 모두 ISO 9001과 ISO 14000 인증을 받아야 하고, 노동부에서 실시하는 클린사업장 등록도 마쳐야 한다. 우리 역시 자격을 갖추기 위해 하나씩 준비했고 모두 달성했다. 나아가 벤처기업 중 일부에 불과하다는 '기술혁신형 이노비즈 기업'으로 선정되기도 했다. 이런 과정을 통해 송광매원 직원들의 실력도 일취월장했다.

그러나 자격을 갖춘 뒤에도 좀처럼 연구자금을 따낼 수는 없었다. 수년간 거듭 심사에 도전해도 결과는 늘 같았다. 한번은 하도 많이 떨어지니까 보기 안쓰러웠던지 개발원의 담당간사가 2년제 대학 말고 4년제 대학교의 연구팀과 연계하여 지원하라고 귀띔해 주었다.

아무래도 2년제 대학보다는 4년제 대학교에서 성과를 기대하기 좋기 때문이다. 특히 2년제 대학의 경우 반복적인 실험을 대신할 대학원생이 없으므로 풍부한 데이터를 기대하기 어려웠다.

그래서 국립대학교 식품가공연구소와 공동 팀을 구성했다. 물론 팀만 구성한다고 사업이 하늘에서 뚝 떨어지는 것은 아니다. 기본적인 연구 실적이 필요하다. 대체로 연구 실적은 최소 초급 단계를 넘어서야 한다. 우리 연구소의 경우도 중급 단계로 넘어가는 과정에서 국가사업을 맡게 되었다.

농진청/지경부/농수식품부가 주관하는 국책 기술연구 사업을 따낸 후 이를 바탕으로 과학기술처 인정 기업체 부설연구소를 설립했다. 기술연구 전문 인력을 채용할 수 있도록 고급인력의 월급을 보조해주는 혜택도 받았다. 지금까지 송광매원은 10여 건의 국책

단 계	제 품	기술 수준
초급 단계	매실 농축액	단순가공기법과 그 응용
중급 단계	매실 식초	부가 기술의 습득을 통한 기술 진일보
상급 단계	화장품 향장 소재 개발	자체적인 기술 습득
고급 단계	신약 원료 추출 기술	고부가가치의 블루오션 기술

연구과제를 수행했다.

신제품의 개발 성과는 매실의 범주를 벗어나 매실과 밀접한 허브인 자소차조기로 이어졌다. 우리 연구소는 자소의 효능을 극대화하여 아토피 전문 음료 및 화장품, 아토피 케어 물질을 개발하기에 이르렀다.

일본에서는 이미 자소의 효능이 잘 알려져 있었다. 자소 잎을 짓이겨 욕조에 풀어놓고 아토피성 피부염을 앓는 아이들을 목욕시키면 스테로이드제 사용으로 악화된 피부염이 개선된 사례가 보고되기도 했다. 이런 사실이 국내 아토피 동호회를 중심으로 확산되면서 자소 수확기에는 매출이 증대되었다. 피드백은 고무적이었다. 사용자의 80%가 피부 진정 효과를 보았다는 것이었다. 그러나 문제는 아토피가 심해지는 가을에서 봄까지 집중적으로 활용할 수 있는 제품이 없다는 점이다.

자소의 추출물을 만드는 일은 고도의 기술력이 필요했고, 또한 충분한 임상 실험을 거쳐야 했다.

나에게는 이런 실험을 수행할 만한 자금력이 없었다. 그러던 중

마침 경북대학교 이상한 교수가 언론을 통해 송광매원 자소에 대한 소식을 듣고 찾아와 공동연구를 제안했다. 이상한 교수는 국내 아토피 치료제의 대가로 그간 다양한 연구 실적을 갖고 있었다. 우리는 곧 지식경제부의 지역특화 산업의 연구개발 사업에 신청하기로 결정했다. 연구사업계획서를 제출하고 엄정한 심사를 거쳐 드디어 연구 프로젝트를 따냈다. 연구 기간 2년에 지원금 규모는 3억이었다. 연구는 순조롭게 진행되었으며 우리는 추출물과 동물실험 결과를 바탕으로 특허출원을 마쳤다. 이제 어떻게 런칭하느냐가 남은 문제였다.

나는 후배의 도움을 빌려 A사 중역진과 만나 그간의 연구 성과물을 제시했다. 그들은 세 가지 조건을 충족시키면 입점 회의에 상정해보겠다고 했다. 세 가지란 1) 특허출원서 제출, 2) 해외 유명 논문잡지에 해당 관련 기술을 발표할 것, 3) 자신들이 인정하는 화장품 제조 OEM 전문회사 2곳에서 만들 것이라는 내용이었다.

어렵사리 특허출원서를 갖추는 동시에 이상한 교수는 해외 잡지에 수록하기 위해 논문 작성에 돌입했다. 또한 화장품 제조 전문회사인 K사의 사장을 찾아가 확답을 얻었다. 물론 이 상품이 런칭되기까지는 1~2단계의 과정이 더 남아 있다. 그러나 자금도 없고 규모도 없는 우리가 사업 성사 직전까지 왔다는 사실만으로도 사기는 충만해 있다. 만일 이 사업이 성공을 거두게 되면 우리는 비로소 돈만으로 이기지 못하는 최첨단 바이오산업으로 진출할 수 있게 된다. 다음 일은 그간의 우리가 들인 노력이 입증하리라.

최근에는 이탈리아 요리에 빠지지 않는 바질 페스토, 바질 향미 오일 등 다양한 형태의 식용 허브를 개발하기 위한 연구도 진행하고 있다.

또한 관련 기술을 축적하지 못하면 감히 도전하지 못하는 매실 식초를 개발하여 출시하기도 했다. 매실 식초를 만들 수 있는 기술이면 감식초/사과식초/흑초/와인식초도 얼마든지 만들 수 있다. 나아가 매실의 '고기를 잘 달라붙게 만들고 씹기 편하게 해주는 성질'을 활용하여 고품질의 안정성 높은 수제 소시지나 베이컨 햄 등을 개발하기도 했다.

이처럼 끝없는 연구로 다양한 신제품을 개발하자 농업계의 최고 실력자들만 꼽히는 농림부 신지식인 144호에 선정되었다. 신지식인에 선정되자 곧 송광매원 역시 선도농가_{농업 발전에 앞장서는 우수 농가}로 지정되었다. 각종 국책 농업개발사업을 진행할 수 있는 기회도 생겼다.

그뿐 아니라 지역과 함께 가는 농기업, 지역의 농촌공간 개발이라는 대명제 아래 녹색체험마을, 팜스테이 마을, 농촌개발사업 등 굵직한 마을 가꾸기 사업을 진행했으며 농정심의 위원을 비롯한 농업계 안팎의 굵직한 감투도 쓰게 되었다.

이러는 사이 우리와 함께 연구하고 마케팅을 하고 싶다는 농산업체가 많이 생겼다. 그 와중에 우리나라 메이저급 식초제조 회사가 나의 주선으로 경북도에 투자 유치업체로 지정되어 영천시에 대규모 생산설비를 구축했는데 그 과정에서 30년간의 기술 및 경영 비법을 전수받을 수 있었고 또 판로 개척에 도움을 받기도 했다. 또한 한국 유일의 고추냉이 가공공장이 우리와 업무를 연계하여 국내외 고추냉이 시장을 공동으로 개척했다.

나는 현재 '6차 농산업'의 전문가로 꼽히고 있다. 강연이나 협력 요청도 많다.

매실의 산지로 유명한 하동군을 비롯하여 순천시, 김포시, 청송군, 포항시, 김천시 등등 수많은 지역에서 특강과 벤치마킹, 협력 등 다양한 요청을 해왔다. 무주군, 청도군, 서귀포시, 대구시 동구청 등에서는 농산물 가공과 관련하여 협력을 요청하기도 했다.

나는 늘 그들에게 '농업은 6차 산업으로 나아가야 한다'고 말한다.

6차 산업이란 곱하기 개념으로 1차 농산물 × 2차 가공 × 3차 유통 및 농촌관광을 말한다. 흔히 1~3차 산업이라고 표현하는 것이 통례지만 이를 통합적으로 추진한다는 의미에서 6차 산업이라고 부른다. 만일 이 가운데 하나라도 빠지면 0이 되고, 그러면 6차 산업은 존속할 수 없게 된다.

지역 농촌을 개발하기 위해서는 소비자들에게 먹을거리를 비롯하여 팔거리, 볼거리, 즐길거리를 제공해야 한다. 단순히 먹을거리만을 공급하는 것은 오늘날 요구되는 농업의 모습이 아니다.

농촌이 살기 위해서는 협업Co-Work이 필요하다. 농작물 생산부터 가공, 관광산업까지 혼자서 감당하기에는 너무 버겁다. 나는 다행히 주변의 도움으로 여기까지 올 수 있었지만 사실 내가 생각해도 불과 10년 사이에 어떻게 여기까지 왔는지 혀를 내두를 때가 많다.

그러므로 우리에게 필요한 것은 협업이다. 상생이다. 나는 내가 모든 것을 다 해결할 수도 없고, 그래서는 안 된다는 사실도 안다. 단지 나는 그 10년 사이 송광매원을 일구면서 점점 농부가 왜 경영자가 되어야 하는지 뼈저리게 느꼈을 따름이다. 지금 우리 농촌에 필요한 것은 경영자이다. 그들의 어깨에 농촌의 미래가 달렸다.

포기는 이르다

최근, 그간 일구어온 농업 기반을 송두리째 뒤흔드는 사건에 휘말렸다.

2009년 5월 30일 한국토지공사로부터 우리의 모든 토지를 수용한다는 전갈을 받았다. 4대강 개발 사업이 그 이유였다. 10여 년간 피땀으로 이룩하여 이제 다음 단계로 도약하려는 찰나였다. 다음 사업의 토대가 되는 전체 농지와 공장시설 일체를 내놓으라니 눈앞이 캄캄했다.

불과 얼마 전 총 30억 규모의 향토산업에 선정되어 희망에 부풀어 있을 때였다. 또한 경북도 문화 관광국에서 주관하는 테마형 체험마을 조성사업에 선정되어 전액 국고 보조로 사업을 진행하기로 결정이 난 상태였다. 사업에 선정되면서 이제 본격적인 농업의 6차 산업을 펼칠 수 있는 기회가 왔다며 우리 모두는 들떠 있었다.

그러나 어느 날 불쑥 날아든 종이 한 장으로 우리의 모든 꿈은 송두리째 날아가버렸다. 10년의 땀이 어린 이곳을 벗어나 도대체 어느 지역에서 사업을 전개하라는 말인가? 설사 장소를 물색할 수 있더라도 이만한 곳을 찾기는 하늘의 별 따기였다.

관계 기관을 찾아다니며 읍소를 거듭한 끝에, 2009년 9월 30일 불행 중 다행으로 체험관 일부와 주 건물은 계속 사업을 해도 좋다는 공문을 접수했다. 그러나 국가에서 빌려 쓰던 농지 2만여 평은 국가에 반납해야 했다. 당장 매실나무를 옮길 곳이 없었다.

도시와 가까운 칠곡군을 떠나 어디로 가야 하나. 인근 농지의 가격은 수년 사이 급상승했고 여유 자금도 없었다.

이리저리 수소문한 끝에 농어촌공사의 농지은행에서 선도농가에 농지 구매자금을 빌려준다는 사실을 알게 되었다. 최근 제도가 바뀌어 우리도 지원을 받을 수 있다고 했다. 처음 귀농하는 마음가짐으로 새로운 매실 농지를 찾아다닌 끝에 40분 떨어진 성주군 벽진면 운정리에 새로운 터전을 마련했다. 대대적인 매실 숲 이동작업이 이루어졌다.

텅 빈 송광매원 토지를 바라보는 마음은 착잡하기 그지없었다. 그러나 나는 이 헐벗은 땅 위에 새로운 사업계획을 그려가고 있었다. 관계기관을 찾아다니며 4대강 공사 후의 사업을 자세히 검토한 끝에 낙동강 고수부지의 수변공원과 연계할 수 있는 사업, 예컨대 오토캠핑장, 자전거 유스호스텔, 낙동강 요트 마리너mariner, 식물공장을 추진해 보기로 마음을 먹었다.

나는 그런 공간들을 상상해 보았다.

현재 구축되어 있는 시설과 인프라를 보강하면 지역 농특산물과 음식재료를 유통할 수 있는 물류기지와 직매장을 탄생시킬 수 있다. 이 공간을 통해 송광매원 제품뿐 아니라 지역에서 생산된 다양한 농특산물을 팔 수 있다면 농가 소득도 올라가지 않겠는가.

강변이 보이는 자리에 카페를 만들어 아웃도어 요리와 전통식품의 조화로운 맛을 소개하는 장소도 만들고 싶다.

아토피 캠프를 설치하고 양한방의 전문의사들과 연계하여 먹을거리, 입을거리, 잠자리에 이르기까지 관련 친환경 상품군을 전문가들과 함께 개발하고 또 체험토록 하는 공간도 좋으리라. 현재 개발 중인 자소를 이용한 아토피 개선용 향장물질을 응용한 화장품 및 입욕제 등등의 제품 개발에 박차를 가하여 녹색성장의 바이오산업으로 진출하는 꿈도 상상해 본다.

농촌 교육원도 만들고 싶다. 농업재배기술/가공기술/요리기술 등의 과목과 유형별 교육프로그램을 만들어 실습형의 체계적인 농업교육 공간으로 활용하고 싶다. 또한 도시민의 농촌체험장과 청소년의 인성 교육장으로 운영할 수도 있으리라.

그리고 우리의 그간 노력이 헛되지 않도록 나를 믿고 따라온 동

료들의 복지는 물론 지역사회에 공헌하는 사회적 기업을 만들고
싶다.

2003년 일이다. 동경 국제식품전시회의 출품을 위해 일본으로
날아간 적이 있다. 전시 부스에 있으려니 농림부 장관님이 오셔서
어디 좀 함께 가자고 했다. 통역 안내 도우미에게 뒷일을 맡기고
즉각 따라나섰다.

우리가 찾은 곳은 한국 이름으로 '안락정安樂停', 일본 사람들은 '안
락꾸떼이'라고 부르는 곳으로 숯불갈비구이를 하는 패밀리 레스토
랑이었다. 동경 주위에 무려 1,000여 개 매장을 운영하는 한국풍
의 불고기 전문 프랜차이즈였다. 식당에는 요리사가 필요 없었다.
모든 것이 개별 포장되어 있어 세팅만 하면 바로 상을 차릴 수 있
는 체제였다. 비밀은 본부의 육가공 처리실. 이곳에서 등급에 따라
개별 포장을 하고 있었으니 요컨대 물류의 핵심이었다.

더욱 놀라웠던 것은 직영농장과 목장을 함께 운영한다는 사실이
었다. 원재료부터 식당매장까지 일괄적으로 운영되는 업무 시스템
은 우리가 뒤따라야 할 농기업의 미래였다. 나중에 안 일이지만 선
진국의 유명 프랜차이즈는 다들 이런 형태로 조직을 운영하고 있
었다. 우리는 언제쯤 우물 안 개구리를 벗어날 수 있을까. 그때부
터 마음속으로 송광매원의 미래를 준비했던 것이니 그곳에 이르기
전에는 나의 도전, 아니 우리의 도전은 끝나지 않을 것이다.

귀농의 새로운
패러다임을 만들어가다

아무리 좋은 아이디어라고 하더라도 자금이 없으면 그림의
떡이다. 귀농할 때 개인 자금으로 농지를 구입하고 시설을
설치했다. 그래도 모자라 부채를 끌어들였고, 정부에서 지원받은
돈도 약 30억 정도가 들어갔다. 그렇게 지난 10년간 겨우 기초를
다졌다. 그렇다고 끝이 아니다. 앞으로 두 배가량 더 투자되어야
현재 벌이고 있는 사업이 완성될 것으로 기대된다.

남들에게 이런 얘기를 하면 혀를 내두른다. 어떻게 또 자금을 마
련해서 나아가겠느냐는 뜻이다. 그러나 천만에 말씀. 이제는 사업
계획의 성공 가능성이 가시권에 들어와 있다. 6차 산업의 기반을 탄
탄히 다져갔더니 투자처를 찾는 사람들로부터 투자 제의가 들어왔

다. 또한 식품가공 전문가들도 송광매원 주변으로 옮겨와서 별도의 공장을 설립하여 역할 분담을 통해 함께 가보자고 뜻을 표명했다.

송광매원을 중심으로 자본과 기술, 설비가 뭉쳐지고 있다. 이제야 비로소 대기업과 경쟁을 벌일 수 있는 시스템이 마련된 것이다. 일찍이 R&D와 연구소에 투자를 한 결과 매실뿐 아니라 타 작목의 가공기술도 상당 수준으로 발전시켰고, 사람들은 혼자 귀농하는 것보다는 나와 협동을 하는 것이 백번 유리하다는 판단 끝에 공동투자 제의까지 이루어졌다. 새로 출범한 군청에서도 직접 투자를 제의해왔다. 요컨대 송광매원의 공익적 수익 창출 모델에 군청에서도 일정 지분을 투자하여 민관 동업 형태로 공사를 만들면 어떻겠느냐는 제의였다. 그런 가운데 송광매원은 사회적기업이 되기 위한 첫 걸음을 떼었다. 예전에 하나씩 뿌렸던 사업의 구상안들이 요즘은 통합적으로 이루어지며 제자리를 찾아가고 있다.

나는 이것이 귀농의 새로운 패러다임을 만드는 과정이라고 생각한다. 각개 전투로는 실패할 확률이 높은 현재의 귀농을 한데 묶고 조직화함으로써 지금까지 아무도 상상하지 못했고, 한 번도 실현된 적이 없었던 사회적 공헌기업으로 성장시키는 것이 귀농을 안정적이고 미래 지향적인 사업으로 만드는 길이라고 믿고 있다.

사업계획서, 왜 필요한가

- 귀농은 창업이다 -

이 장을 마치기 전에 그간 나의 토대였던 '사업계획서 쓰는 법'을 기록해야 할 것 같다. 아마 지금껏 써온 사업계획서를 모으면 아마 1톤 트럭 한 차분은 될 것이다. 하지만 웬만한 학자들도 그 이상의 논문을 쓴다. 그리 어려운 일도 아니다.

사업계획서가 중요한 이유는 각종 공모전뿐 아니라 지방 정부나 중앙 정부에서 지원을 받을 때 꼭 필요하기 때문이다. 또한 이와 별도로 귀농에는 사업계획이 필요하다. 귀농이란 곧 창업의 한 종류이고, 직원의 신분에서 사장이 되는 것이기 때문에 여러분이 무엇을 할 것인지 최소한의 계획은 필요하다. 사업계획 없이, 자신이 하는 일의 점검 없이 농사만 짓겠다는 것은 곧 농업의 한계로 지적되어 온 '주먹구구식 농사'를 하겠다는 말과 다르지 않다. 1~3차 산업으로서의 농업, 미래 지향적인 농업에는 반드시 사업계획서가 필요하다는 사실을 기억해두자. 한편 얼마 전 응모하여 당선된 사업계획서 하나를 이 책의 뒤쪽에 넣어두었으므로 참조하기 바란다.

1. 호흡을 조율해준다

처음부터 '10년 뒤, 20년 뒤'를 계획하는 것은 바람직한 방법이 아니다. 당면한 문제들을 하나씩 적어보고 해결책을 찾는 것이 사업계획이 된다.

나의 경우, 매실 재배와 관련된 첫 번째 사업계획서는 '나무 사이의 거리는 얼마로 할 것인가'였다. 잡초 뽑기에도 좋고, 수확하기에도 좋은 나무 간 적정 거리가 분명 있을 것이다. 여러 가지를 고려하고 관련 정보를 찾아본 끝에 나무 간 거리를 가로 6m, 세로 3m로 설정했다. 다음 계획은 '물은 어떻게 댈 것인지, 토양은 어떻게 개량할 것인지'였다. 수확한 열매를 어떤 기준으로 구분하고, 포장작업은 어디서 할 것이며, 거름주기나 병충해 관리는 또 어떻게 할 것인지도 계획했다. 초보적이지만 반드시 필요한 내용으로 사업계획을 잡아갔다.

사실, 이런 내용들을 사업계획이라고 부르기는 어렵다. 그러나 실현 가능하다는 점에서 백 번 나은 방법이라고 믿는다.

당시 나는 농사 초보였기 때문에 코앞에 닥친 일 외에는 생각지 못했다. 예컨대 오늘 일을 하고 나면 내일 무엇을 해야 할지 몰랐다. 그럴 때 사업계획서는 좋은 길잡이가 된다. 책 읽기가 싫을 때 우리가 하는 행동은 무엇인가. 책이 얼마나 남았는지 페이지 계산하는 것 아닌가? 그런 행동을 하는 이유는 앞으로 몇 시간 혹은 며칠을 더 투자해야 책을 다 읽을 수 있는지 확인하기 위해서다. 다시 말해 독서 계획을 짜는 것이다. 마찬가지로 매일 사업계획을 점검하면 내일, 1주일, 한 달간 할 일을 미리 점검할 수 있게 된다.

매일 매일의 일거리를 찾는 것은 초기 귀농에서 매우 중요하다. 하던 일이 아니므로 자칫 '왜 일하는지도 모르면서 일하게 되는 함정'에 빠질지 모른다. 혹은 촌놈 마라톤 하듯 가야 할 길이 얼마나 먼지도 계산하지 않고 초반에 반짝 일하다가 페이스를 잃게 될지도 모른다.

사업계획서는 이처럼 일의 흐름과 호흡을 조율해주는 역할을 하게 된다.

한편 사업계획서가 너무 비현실적이고 거창하다고 걱정할 필요는 없다. 누구나 처음에는 그렇게 쓴다. 말은 너무 추상적이고 중간 세부과정이 생략되어 있고, 그저 하고 싶은 일과 결과에 대해서만 적을지도 모른다. 그러나 이 귀농 계획은 당신의 순수한 목표인 경우가 많고, 당신이 귀농을 통해 이루고자 하는 목적이므로 매우 중요하다.

어설픈 것은 중요하지 않다. 최초의 사업계획서 안에는 귀농을 하려는 열정이 담기기 때문에 오히려 잘 다듬어진 사업계획서보다 값지다.

2. 시행착오를 줄여준다

과거에 썼던 사업계획서라도 반드시 모아두기 바란다. 이를 통해 자신이 가고자 하는 방향을, 사업이 진행되는 흐름을 감지할 수 있다. 공통적으로 기술되는 내용이나 전반적인 흐름을 통해 자신의 미래 좌표를 발견할 수 있게 된다. 또한 잘 모아둔 사업계획서는 시련이 닥쳤을 때, 격랑이 칠 때 중심을 잡아주는 역할을 하기도 한다. 그런 날은 새로 사업계획서를 써보는 것도 도움이 된다. 잡념이 사라지고 생각이 정리된다.

나는 지금도 예전의 사업계획서를 종종 읽어본다. 대부분이 유치하다. 그러나 개중에 몇몇은 내게서도 이런 기발한 생각이 나왔구나 하고 나를 들뜨게 만들기도 한다. 죽은 아이디어는 이렇게 살려지고 다음 사업계획서를 작성을 할 때 보다 나를 치밀하게 만든다. 특히 농기업을 하다보면 건물이나 구축물을 많이 짓게 된다. 짓고 나면 어떻게 지었는지 다 까먹게 되거나 지으면서 유효했던 방법만 남게 되는데 이 또한 과거의 사업계획서를 남겨 두었다면 당시 어떤 생각을 했었는지, 무슨 애로사항이 있었는지, 어떻게 문제를 해결했는지 확인할 수 있어 좋다. 그러면서 시행착오를 줄이게 된다. 다음번에는 지붕의 구조를 좀 더 높이고 창문을 내면 훗날 차

광을 하기 위한 추가 비용을 막을 수 있다는 생각도 하게 된다. 이렇게 사업계획의 내공은 점차 커진다. 동시에 목표 역시 점차 상향 조정된다. 과거에 한 번 달성했던 일이 이번에는 출발점이 된다. 사업계획서에 능숙해질수록 사업의 실현 가능성은 커지고 세련된 사업으로 나아갈 수 있다.

아마도 충분히 익숙해질 무렵이면 당신도 트럭 한 대 분량의 사업계획서를 쓴 뒤가 될지도 모른다. 그때가 되면 공모 사업 계획서 쯤은 눈 감고도 쓸 만큼 익숙해질 것이고, 십중팔구는 예선을 통과할 것이다. 나는 지금까지 50여 차례 응모하여 40번 정도 예선을 통과했으며, 당선된 적도 20번에 이른다.

3. 남에게 보여주는 것임을 잊지 마라

초보 단계를 넘어섰다면 이제 본격적인 사업계획서를 작성하는 연습을 해보자. 가장 좋은 방법은 남들이 제출했던 사업계획서를 연구하는 것이다. 나 역시 닥치는 대로 구해다가 읽고 또 읽었다. 이런 과정을 거치며 전체를 보는 안목을 조금씩 길러갔다. 사고방식이 서서히 사업계획에 맞게 바뀌었고, 사람들의 니즈가 무엇인지도 감안하게 되었다.

사업계획서를 쓰겠다고 마음을 먹은 것은 곧 농사만 짓고 살지는 않겠다는 뜻이다. 사실 농사 자체는 그렇게 어려운 일이 아니다. 기본적인 노하우와 경험만 쌓으면 누구나 혼자서 지을 수 있다.

그러나 농업 비즈니스는 결코 혼자 힘으로 이룰 수가 없다. 그래서 필요한 것이 사업계획서이다. 즉 사업계획서는 남에게 나의 생각과 계획을 정리해서 보여주는 것이다.

따라서 사업계획서는 나 홀로 아리랑이 되어서는 안 된다. 공모전에 참가하든 국책사업에 지원하든 이를 심사하는 사람들의 기본적인 현실 인식이 있다. 이를 공유하지 못한 상태에서 작성한 사업계획서는 귀신을 그리는 것과 같아서 그림으로만 존재하게 된다.

사업계획서는 한마디로 '나 이런 사업을 할 예정인데 나 좀 밀어주세요.' 하는 메시지를 담게 된다. 투자자를 유치하는 것이 기본 목적이다. 달리 말하면 사업계획서를 작성하겠다고 마음먹은 순간, 당신은 창업자 혹은 경영자가 된다. 이를 CEO 농부라고 부를 수도 있겠다.

나는 당신이 CEO 농부를 꿈꾸기를 바란다. 기왕이면 자기 자신의 사업체만을 위한 CEO가 아니라 지역 전체를 위한 일꾼이 되기를 바란다. 해보면 알겠지만 농촌에서 사업을 한다는 것은 결코 혼자 하는 것이 아니다.

우리나라에 부족한 인력은 농사꾼이 아니다. 농사를 사업으로 일으킬 수 있는 사업 마인드를 가진 CEO가 부족한 것이다. 그렇게 농사꾼이 사업가로 변신할 때 우리는 농기업이 키우는 것이 단지 작물뿐이 아님을 깨닫게 된다. 제2의, 제3의 CEO 농부는 그렇게 탄생할 것이다.

4. 공모전과 정부 지원 사업의 선정 기준

귀농을 하게 되면 응모할 수 있는 많은 응모전과 정부 사업이 있음을 알게 될 것이다. 정부는 어떤 농부를 지원하게 될까? 될성부른 떡잎보다는 마지막 물 한 방울이 필요한 사람의 손을 들어준다. 무한한 가능성도 좋다. 그러나 사업을 실행할 수 있는 실력이 있는지가 더 중요하다.

이런 맥락에서 응모전에 선정되기 위한 몇 가지 주요 포인트를 짚어보자.

첫째, 과거 실적은 어떠했는가? 신뢰할 수 있을 만큼 경력이 충분한가?

둘째, 참신하면서도 성공 가능성이 있는 아이템인가?

셋째, 사업을 완료할 수 있는 능력과 조직을 갖추었는가?

넷째, 사회적인 공헌 특히 농업계에 미치는 파급효과는 어느 정도인가?

가능성과 능력 가운데 방점이 어디에 찍히는지 잘 살펴보기 바란다.

공모전이나 정부 지원 사업에 선정되려면 사업계획서를 통해 '나'를 증명해야 한다. 제3자가 보더라도 공감대를 형성할 수 있을 만큼 객관성과 타당성을 갖추어야 한다. 정부기관이 주의 깊게 살펴보는 점 가운데 하나는 혹시나 투자했는데 파산하지 않을까 하는 점이다. 그런 일로 문책당하는 정부 담당자도 더러 보았다.

이밖에 각 응모전마다 독특한 평가기준이 있다. 그 사항에 답을 충실히 하면 된다. 심사위원 입장에서 일리가 있다고 평가되면 달콤한 열매는 여러분의 것이 된다.

쓰는 방법에도 두 가지 주의할 점이 있다.

첫째, 심사위원의 공감을 얻을 수 있는 논리의 전개이다. 문장력도 중요하지만 사실에 근거하여 성실히 쓰는 것이 무엇보다 중요하다.

둘째, 미래의 비전이 느껴지도록 써야 한다. 당신이 제출하는 것은 사업계획이다. 그러므로 암울한 전망은 안 된다. 비전을 느낄 수 있도록 만들어야 한다.

그러나 하루아침에 농촌과 농업의 미래 비전을 제시할 수는 없는 법. 대체로 비전을 제시하는 부분에서 이 사람이 얼마나 농촌을 생각해 왔는지 파악할 수 있다. 그러므로 평소 일기를 쓰듯이 영농일지도 열심히 쓰고 크고 작은 사업계획을 쓰면서 실력과 안목을 향상시켜야 한다. 전문가가 되지 않은 채 아이디어만으로 승부해서는 답이 없다. 당신이 계획한 일이 정말 이루어질 수 있겠다는 생각이 들 수 있도록 설득력을 갖추자.

마지막으로 혹시나 심사위원이 사업계획이 지닌 약점을 지적하더라도 반발하기보다는 일단 수긍하고 개선안을 검토하는 게 좋다. 너무 일방적으로 자기주장만 펼치면 신뢰감을 주지 못한다.

8장

귀농을
시작하려는
분에게

새로운 도전에는
용기가 필요하다

도시에서는 하루만 입어도 꼬질꼬질해지는 와이셔츠가 그러나 농촌에서는 이틀간 입어도 새하얗다. 그만큼 미세먼지가 없는 공기는 얼마나 상쾌한가. 또 이른 아침 이슬 맺힌 풀잎의 영롱한 반짝임은 얼마나 아름다운가. 일기예보를 보고 계절을 아는 것이 아니라 문틈으로 들어오는 바람으로 그날의 날씨를 느끼는 것이 곧 자연이 주는 매력이다.

나이가 들면서 전원생활이 못 견디게 그립고 갈수록 도시에서의 삶을 정리하고 싶다는 소망이 커진다. 그러나 기존 생활을 모두 접고 돈 벌이가 불확실한 곳으로 들어간다는 생각 때문에 마음이 오락가락한다. 아무리 준비를 철저히 하더라도 막상 현실에 뛰어들면 예측하지 못한 리스크가 줄을 잇는다. 어렵사리 가족의 동의를 얻어 함께 내려왔으나 더 이상 못 견디겠다며 도시로 돌아간 사람도 숱하다. 그래서 용기가 필요하다.

"귀농이나 할까?"

도시생활에 지친 나머지 사람들은 별 생각 없이 이렇게 내뱉는다. 자동차 공해, 사람 공해로 가득한 도시에서 벗어나 인적 드문 시골에서 텃밭이나 가꾸며 살고 싶다고 말한다. 하지만 적어도 내가 경험한 귀농이란 '귀농이나 해볼까?' 하고 손쉽게 말할 수 있는 것이 아니다.

한 번쯤 '귀농'이나 '귀촌'이라는 단어를 검색해 보지 않은 사람은 없으리라. 관련 사이트도 즐비하고 방문객도 급증하고 있다. 더구나 지금은 IMF 당시의 생계형 귀농이 아니라 멋과 낭만, 부를 찾아 떠나는 체계적인 귀농이 늘었다. 그럼에도 사람들이 생각하는 귀농은 대개 귀촌과 혼동한 것에 지나지 않을 때가 많다.

귀촌은 도시를 버리고 시골로 떠나는 것이지만 귀농은 절대 그렇지 않다. 귀농이란 도리어 도시와 시골을 잇는 새로운 삶의 방식이다. 농촌을 생산 공장으로 삼고, 도시를 상대로 비즈니스를 펼치기 때문이다. 막연히 도시를 벗어나는 데 초점을 맞추고 있다면 그것은 귀촌에 다름 아니고, 그런 마음으로는 귀촌 이상의 것을 얻지 못한다.

농업을 생업으로 삼겠다고 결심했을 때 내가 꾸었던 꿈은 귀촌

이 아니라 '귀농'이었다. 물론 매실의 효능에 반해 또는 우메보시매
실을 소금에 절인 일본음식를 만들겠다는 일념으로 귀농에 뛰어들었지만 나
에게 농업이란 저물어 가는 산업이 아니라 새로운 기회이자 꿈이
었다. 창의력만 발휘한다면 이보다 블루오션으로 각광받을 산업도
없다고 판단했다.

한자어 '光빛 광' 자는 일곱 갈래로 갈라지는 빛줄기를 뜻하는 말
이다. 그런데 '米쌀 미' 자는 여덟 갈래로 갈라진다. 하나의 씨앗에서
얼마나 많은 이삭이 영글기에 빛보다 더욱 휘황찬란하다는 말인
가. 농업 비즈니스는 이처럼 하나의 씨앗에서 수많은 열매가 달리
는 기회의 사업이다. 반짝 빛나는 하나의 아이디어는 바이오산업
으로 뻗어나가고, 녹색성장산업으로 연결되며, 관광산업으로 꽃을
피운다.

매실을 보면서 내 꿈은 서서히 커져갔다. 매실 묘목을 분양하는
것도 사업 아이템이 될 것이요, 친환경재배 명품 매실을 재배하여
판매해도 좋을 것이다. 또 매실 가공품을 만들어 팔고, 일식 프랜
차이즈의 음식재료를 직접 가공하는 것도 좋지 않겠는가. 유통 사
업과 생태공원화 사업 등을 동시에 진행하는 복합적인 농산업으로
사업 범위를 넓힐 수도 있다. 제1의 인생보다 나은 제2의 인생을
꿈꾸었기에 나는 마음껏 상상하고 또 계획했다.

그럼에도 불구하고 귀농을 성공으로 이끄는 힘은 사업계획서의
수치나 아이디어가 아니라 열정이라고 믿는다. 열정은 사업계획서

어디에도 드러나 있지 않다. 마치 자신만 아는 암호처럼 행간에 꼭꼭 숨어 있다. 남들은 그 수치나 아이디어들이 무슨 뜻인지 알지 못한다. 그러나 나는 알고 있다. 내가 매실을 대하는 그 자세나 마음은 글자 뒤에 숨어 있다가 고개를 빠끔히 내민다. 나는 내 열정의 얼굴을 보며 '오늘의 고단함은 곧 내가 살아 있다는 증거'임을 확인한다.

단지 직장생활에 치이고 도시의 삶이 싫다는 이유로 귀농을 꿈꾸지 말기를 바란다. 먼저 당신이 느끼는 싫증과 불만의 정체를 살펴야 한다. 나는 도심의 치열한 경쟁에 신물을 느낀 것이 아니다. 그보다는 왜 내 삶인데 스스로 선택할 수 없는지 답답했다. 내 삶의 지배자가 되고 싶었다. 남에게 휘둘려 살고 싶지 않았다. 도시의 삶이 싫어졌다기보다는 귀농 자체가 좋았다. 달리 말해 나는 새로운 도전에 따르는 고통을 즐길 준비가 되어 있었다.

나는 편안함을 바라지 않는다

우리는 왜 새로운 도전에 나서는가. 아이의 모습에 그 답이 있다.

갓난아이가 두 발로 일어서는 광경을 보라. 누가 시키지 않았는데 아기는 벽을 짚고 일어서고, 어느 날 마루 한복판에 우뚝 선다. 뒤뚱거리다 풀썩 주저앉기도 하지만 기어이 아기는 땅을 짚고 일어서서 한 걸음을 떼어 놓는다. 그렇게 아기는 자기 발로 걷고, 뛰고, 달린다.

사람은 애초부터 제자리에 안주하는 존재, 편안함을 추구하는 존재가 아니었는지 모른다.

"안일함과 태평함.

아니, 나는 그런 것을 원치도 않고 바라지도 않아. 내가 자리에 누워 사지를 쭉 뻗은 채 게으름을 탐낸다면 그때는 내가 죽을 때가 된 것이지.

네가 과연 아첨과 거짓말로 나를 속여서 스스로 만족하게 만들고 안심하게 만들 수 있다는 말인가?

그렇다면 좋다, 그날은 나의 마지막 날이 될 것이다. 어디 우리 내기 한 번 해보자!"

메피스토펠레스의 제안에 파우스트 박사는 이렇게 출사표를 던진다.

쉬고 싶고, 앉고 싶고, 눕고 싶고, 자고 싶은 것은 우리의 본성이 아니다. 갓난아이는 잠시도 쉬지 않고 무언가 새로운 일을 찾아다닌다. 그러던 우리가 성인이 된 후에는 휴식을 찾고, 안락을 찾고, 게으름을 찾는다.

제2의 인생, 귀농을 시작하면서 나는 평화로운 시골 생활을 꿈꾸었다. 그러나 타고난 본성이 그런 것인지 농촌 생활이 원래 그런 것인지 지난 10년간 그런 삶을 누리지 못했다.

농지를 구할 때부터 뭐 하나 손쉬운 일은 없었다.

유기 재배를 위해 매화원을 조성하고 매실과 관련 깊은 자소라는 허브를 심고 또 미래를 위해 약으로 쓸 수 있는 식물과 먹을 수 있는 허브류를 식재했다.

조경수와 꽃을 심어 농장을 조경했고 1차 농산물의 전처리 작업을 할 수 있는 물류기지를 만들었다.

2차 가공산업을 위해 공장을 설립하고 신제품 개발을 위해 부설 연구소를 설립했다.

또한 프랜차이즈 일식당과 연계할 목적으로 음식재료 및 요리개발 연구소를 만들었다.

3차 산업의 달성을 위해 방문객과 직거래를 위한 농특산물 직판장과 도시민들이 방문하여 쉴 수 있는 오두막과 숙식공간을 만들었으며 농가 음식을 제공할 수 있도록 농가레스토랑도 만들었다.

강변에 낚시터를 짓고 나룻배를 띄워놓았으며 방문객을 위한 강당을 지어 농업 정보를 교류할 수 있는 별도의 공간도 만들었다.

한마디로 농업의 6차 산업_{1차 × 2차 × 3차}을 추구할 수 있는 인프라를 구축하기 위해 10여 년의 세월을 보냈다. 나는 지금 송광매원의 동료 20여 명, 농가 80여 곳과 함께 매실을 재배한다. 아직도 해야 할 일은 산더미 같고, 언제 끝날지도 모르겠다. 아마도 죽기 전까지 일을 해야 하지 않나 싶다. 그러나 나는 후회하지 않는다. 아직 내가 할 일이 있다는 것이 그저 즐거울 뿐이다. 나는 영원히 아이처럼 살고 싶다.

벽에 부딪칠 때는
그 너머를 바라보라

제임스 랜디라는 마술사가 있다. 그의 별명은 '놀라운 랜디'. 신기한 마술을 펼쳐서 얻은 별명이 아니라 그가 벌인 어떤 일 때문에 붙은 별명이다. 그는 자기 앞에서 초능력을 발휘하는 사람에게 100만 달러를 주겠다고 공표했다. 많은 사람들이 그를 찾아왔다. 랜디는 그들이 속임수를 쓰지 못하도록 막기 위해 사전에 실험 조건을 설정해 두었다. 그가 이 대회를 연 것은 벌써 30년이 지났다. 그러나 상금을 타간 사람은 한 명도 없었다. 그는 유리겔라의 속임수를 폭로하며 전 세계에 이름을 떨쳤다. 유리겔라는 지금도 랜디라는 이름만 들으면 몸서리를 친다고 한다.

나는 그가 TV 방송에 나와서 자칭 초능력자들의 속임수를 폭로

하는 장면을 보았다. 그러다 문득 이런 생각이 들었다.

'혹시 이 사람은 정말 초능력자를 찾고 있는 것은 아닐까? 아직까지 발견하지는 못했지만 초능력이 있다고 굳게 믿는 것은 아닐까?'

그게 아니라면 굳이 100만 달러나 되는 상금을 걸고 30년간을 유령처럼 전 세계를 뒤지고 다닐 이유가 무엇인가? 자칭 초능력자들에게 무안을 주기 위해? 초능력은 없다는 것을 만방에 알리고 싶은 마음에? 세계인의 관심을 끌고 싶어서?

나는 아니라고 생각한다. 어쩌면 그에게는 초능력에 대한 낭만이 있을지 모른다. 물리적인 조건 아래에서 벌어지는 속임수, 즉 마술 말고 그를 진심으로 살 떨리게 만드는 어떤 초능력이 있었으면 하고 바라는지 모른다. 그런 바람 때문에 그는 지금껏 포기하지 않고 30년간을 초능력 찾기에 나선 것이리라.

나는 어려움에 봉착하거나 절대 불가능하다고 여기는 일에 부딪쳤을 때 늘 '랜디'를 떠올렸다.

낭만만 가지고는 귀농에 성공하지 못한다. 정말 그렇다. 그러나 낭만이 꼭 필요할 때도 있다. 막다른 길에 이르렀을 때다. 어렵고 힘든 일은 귀농 중에 늘 벌어진다. 그때마다 다시 일어서는 사람이 있고, 주저앉는 사람이 있다. 둘의 차이는 무엇일까? 넘어진 그 사람은 '귀농, 처음에 생각했던 그것과는 너무 다르다. 농촌의 현실은 너무나 냉정하다.'고 말한다. 그 사람은 낭만주의자에서 현실주의자로 돌변한다. 그의 꿈은 사라진다.

그러나 나는 낙동강 물이 범람하여 농장이 침수되었을 때도, 식약청 단속반의 눈길을 피해 도망쳤을 때도, 아내가 눈물을 흘리며 귀농을 반대했을 때도, 4대강 사업으로 공장을 접어야 할지 모르는 상황에 부딪쳤을 때도 '랜디의 낭만'을 잊지 않았다. 그 순간 벽 너머를 바라보지 못했다면 나는 그대로 주저앉고 말았을 것이다. 벽 너머를 바라보는 힘, 바로 그것이 초능력이고 낭만이다.

이상적인 농지는 존재하지 않는다

- 농지 선택을 위한 6가지 조언 -

처음 칠곡 땅을 본 것은 헬리콥터에서였다. 신문사 재직 시절 낙동강 범람 취재차 헬기를 타고 가는 길에 지금의 농장 지대를 처음 보았다. 하늘에서 바라본 칠곡 땅은 그야말로 수려함 자체였다. 농토는 낙동강을 낀 천혜의 자연 속에 있었다. 보기만 해도 감탄사가 절로 나오는 곳이었다. 위치 역시 국도와 인접해 있어 교통도 더할 나위 없이 좋았다.

그때의 기억을 잊지 못하고 후에 일식당 직영 농장을 구하기 위해 수차례 방문하면서 확신을 갖게 되었다. 훗날 알게 된 바로는 인근에 국가하천부지와 농업진흥구역 및 농업 기획관리 지역이 골고루 산재해 있었다. 공장 및 근린생활시설을 설치할 수 있었고,

농지 3천여 평의 매물 외에도 인근에 방치된 2만 평의 국가하천부지를 빌릴 수 있어 규모를 확장하기에도 좋았다. 한마디로 경쟁력 높은 땅이었다.

하지만 옥에 티가 있었다. 매물로 나온 그 농토는 상습적인 침수 피해 지역이었다. 약점이 없는 완벽한 농지는 없다. 그러므로 대책을 마련할 수 있는 곳인지 사전에 파악해야 한다. 예컨대 도로가 없는 곳에 농지를 마련하면 문제는 심각하다. 차로 어떻게 다닐 생각인가. 설령 정부에서 길을 뚫어준다고 발표를 했더라도 덥석 믿어서는 안 된다. 매사가 그렇듯이 일이 성사되기 전까지는 결코 성사된 것이 아니다.

나 역시 침수 문제를 혼자 힘으로 해결할 수 있는지 확인하기 위해 현장을 두세 차례 다니면서 꼼꼼히 확인했다. 다행히 땅만 잘 다듬으면 피해를 최소화할 수 있겠다고 판단했다. 또한 낙동강 상류에 댐을 건설하고 있으므로 근본적인 치수가 되리라 생각했다.

마침 농지 주인 역시 침수 문제로 골머리를 앓고 있었기 때문에 매매는 일사천리로 진행되었다. 훗날 매실 농장으로 강물이 넘치기도 했지만 예상하던 리스크라서 큰 피해를 입지는 않았다.

귀농 준비를 철저히 하면 할수록 이상적인 농지 찾기는 점점 힘들어진다. 그러나 몇 가지 기준에 따라 선택지를 좁히면 아주 틀린 선택은 하지 않을 것이다.

나는 농지를 구입하면서 다음의 몇 가지 사항에 중점을 두었다.

● 고향을 고집하지 않는다.

만일 모든 조건이 완벽하다면 나 역시 고향을 택했으리라. 귀농에서 겪게 되는 문제 가운데 하나는 지역민과의 유대감을 형성하기가 어렵다는 점이다.

나 역시 10년 이상 칠곡에 살았지만 여전히 외지 출신이라는 장벽에 부딪친다. 지역민의 눈에 귀농인은 어느 날 하늘에서 뚝 떨어진 사람에 불과하다. 그들은 내가 완전히 칠곡 주민이 되었다는 사실을 받아들이지 않는다. 이곳에서 태어난 사람이 아니기 때문이다.

일리 있는 말이다. 이곳에는 내 어릴 적 기억이나 부모님의 흔적이 없다. 아무리 농촌을 그리워했다고 한들 유년 시절을 떠올릴 만한 정서적 연결 고리가 없다. 지금이야 이렇게 농사를 짓지만 어느 날 문득 짐 싸 들고 나가 버릴지 어떻게 알겠는가.

지역민과 귀농인 간에는 보이지 않는 벽이 존재한다. 유리창처럼 눈에 보이지 않으므로 깨뜨릴 수도 없고, 뛰어넘을 수도 없다. 그래서 기왕이면 고향을 귀농지로 택하는 것이 좋다고들 말한다.

그러나 고향에 만족스러운 땅이 없으면 어떻게 하겠는가? 물론 지역민과의 갈등이 결코 작은 문제는 아니지만 최우선 과제는 아니다. 우선은 농사에 적합한 땅인지 살펴보는 게 급선무이다. '무조건 고향'이라는 생각으로 농지를 택하지 않도록 하자.

● 차량이 진입할 수 있는가?

속세와의 단절을 꿈꾸는 것이 아니라면 도로는 필수이다. 귀농을 하는 순간, 모든 도시인은 우리의 고객이 된다. 도시에서 얼마나 가까운지도 하나의 선택 기준이 된다. 우리 칠곡농장은 국도와 연접되어 있는데다 대구에서 20분, 구미에서 15분 거리에 있다.

농지를 선택할 때 고려해야 할 사항 중 하나는 인력이다. 농지를 고르는 데 '인력'이 무슨 상관일까. 그러나 점점 고령화되는 농촌의 여건을 감안하면 인력을 대체할 수 있는 장비 동원은 필수이다. 농지가 가파르면 장비를 쓸 수 없으므로 이 또한 추가적으로 확인해야 한다.

● 공장이나 기타 부대시설을 설치할 수 있는 곳인가?

농사밖에 지을 수 없는 농업진흥구역이 있는가 하면 추후 다른 용도로 활용할 수 있는 기획관리지역이 있다. 사전에 농지 관련법을 면밀히 조사해 두도록 한다. 또한 장래 발전 방향까지 염두에 두고 있다면 추가로 농지를 구입할 수 있는지도 확인해 두자. 농지가 한곳에 모여 있으면 농업을 다각화하기에도 좋고, 다양한 부대시설을 확충할 수도 있고, 농장 관리도 한결 편하고 돈도 아낄 수 있다.

● 친환경농업을 구사할 수 있는 곳인가?

친환경농업을 하려면 인근에 농약을 치는 곳이 없어야 한다.

● 자연재해로부터 안전한 지역인가?

● 수자원 확보가 가능한가?

이런 사항을 만족시키는 완벽한 농지를 구하기는 하늘의 별 따기이다. 자신이 관리할 수 있는 것과 할 수 없는 것을 구분하되 관리할 수 있는 경우에만 농지를 선택한다. 재배에 적합하지 않은 곳이라도 토목공사를 통해 어느 정도 지형을 바꿀 여지는 있는 법이며, 혹은 해당 농지에 맞는 작목으로 바꾸는 것도 한 방법이다.

마지막 5가지 조언

1. 실패하지 않으려면

귀농인의 90%가 실패한다. 가진 돈을 다 쓰고 극빈자로 전락한다. 준비 없이 뛰어들었다가 빚더미에 올라앉는다.

귀농을 생각하기 전에 선배들의 얘기에 귀를 기울여 보라. 지금 당장 귀농하여 제2의 삶을 살고 있는 선배 귀농인을 찾아가서 술 한 잔 대접하고 속사정을 들어보라. 핑크빛 미래를 말하고, 몇 개의 수상 실적을 가지고 자랑을 늘어놓은 사람은 사기꾼일 확률이 높다.

'가공까지는 감히 생각지도 않는다, 1차 농업만 하면서 돈을 벌고 싶다'는 사람들이 있다. 그렇다면 넓은 땅을 구할 수 있는지부터 따져야 한다. 해외에서 농사짓는 것도 좋은 방법이다. 땅이 넓을수록 그만큼 성공 확률은 높아진다. 그런 의미에서 새만금을 추천한다. 그곳에는 광활한 토지가 있다. 대부분의 국내 농지는 좁기 때문에 물량으로 승부하는 곳과 경쟁이 안 된다. 땅이 좁을수록 고부가가치를 만들어야 하고, 2차 가공과 유통의 벽을 넘어야 한다. 이를 잘할 자신이 없다면 처음부터 '돈도 벌고, 농촌에 사는' 그런 귀농은 꿈꾸지 말아야 한다.

국가에서는 어떤 사람에게 상을 줄까? 농사를 잘 지은 사람, 아니면 농산물을 가공하는 2차 산업으로 나아간 사람? 당연히 2차 산업으로 진출한 사람이다. 그만큼 가공은 우리 농업이 나아갈 방향이라는 뜻이며, 어려운 과제이다.

판로 개척 역시 마찬가지. 사실상 혼자 힘으로는 어렵다. 그렇다면 힘을 뭉칠 수 있는 조직을 확보하는 것도 한 방법이다. 농촌에 성공적으로 정착한 사람들 중에도 협력자를 절실히 찾는 경우가 많다.

2차 가공이 어렵게 느껴진다면 1차와 3차를 합친 형태도 가능하다. 즉 농사를 지으면서 식당이나 레스토랑을 경영하는 것이다. 온몸을 바치겠다는 각오로 임하면 비교적 생존 기술을 익히기 쉽다. 이런 방식으로 시작하여 차차 범위를 넓혀가는 것이 좋다.

농촌 선진국인 일본을 두루 다녀본 결과, 일본은 '반도반농'이거나 '6차 산업'으로 농업을 성공시킨다. 그 외에는 힘들다. 반노반

농이란 1년 수익의 반은 도시에서 거두고, 나머지 반은 농업에서 번다는 뜻이다. 그렇지 않고 농업에 전념할 때는 반드시 6차 산업, 즉 생산부터 가공, 유통, 농촌관광까지 농촌을 중심으로 전 산업의 영역으로 뻗어나가야 생존이 가능하다.

농업이 블루오션이라는 말은, 그만큼 기회도 많다는 뜻이지만 그만큼 안정적인 직장이 되기 어렵다는 뜻이기도 하다. 그런 맥락에서 귀농은 작목의 선택부터가 쉽지 않다. 신중에 신중을 기할 필요가 있다.

2. 사업계획서를 철저히 작성하라

여느 사업과 마찬가지로 사업계획서를 철저히 준비하는 습관을 길렀으면 한다.

건물을 짓기 전 설계도를 작성하듯이 귀농에도 설계가 필요하다. 귀농 범위를 잡아야 하고 추후 어느 방향으로 확대시킬 것인지 염두에 둔 뒤 토지를 선택해야 한다. 만약 2차 산업과 3차 산업까지 염두에 둔다면 '농업진흥구역'으로 제한된 토지는 곤란하다. 설령 1차 산업인 농산물 재배만 하겠다고 작정해도 적정규모의 토지와 기계화를 고려하여 추후 노동력 절감형 산업으로 만들도록 계획해야 한다.

토지의 형태, 토양의 상태, 지하수의 성질, 3상 동력전기의 인입 여부도 따져보자. 특히 농기계의 사용에는 동력전기의 사용이 작업의 효율성을 높인다. 인입 도로의 문제도 중요하다. 싸다고 아무 땅이나 덥석 구입하면 나중에 길이 없어 낭패를 보는 경우가 허다하다.

농지에도 관련 법조항이 무수하다. 일일이 검토해야 한다. 소비지와의 거리 또한 중요한 사항이다. 가까운 거리에 사람들이 많이 모일 수 있는 관광지가 있거나 혹은 그 길목이면 더 좋겠다. 그 밖에도 여러 가지 주변사항을 세밀히 검토해야 한다.

토지는 한번 정해지면 돌이키기가 여간 어려운 것이 아니다. 많은 귀농인이 고향을 찾는 U턴형 귀농을 하는데 이 또한 사업성을 먼저 검토하는 것이 순서이다. 사업 타당성이 없으면 과감히 사고를 전환하여 보다 적합한 정착지를 찾도록 하자. 단독 귀농지를 택하는 것보다 먼저 선배 귀농인이 정착한 지역을 검토해보는 것도 좋은 방법이다.

농기계의 공동사용 면에서도 협력 체계를 갖출 수 있어야 한다. 농작업은 그 특성상 1년에 한두 차례만 쓰고 더 이상 필요 없는 장비가 많다. 더구나 고가이다. 이웃과 협력할 수 있다면 그만큼 효율성도 높일 수 있다. 2차 가공 산업을 하게 된다면 시설 및 설비의 중복투자를 막아야 한다. 도시 공단에서도 협업단지의 필요성이 강조되듯이 농업에서도 협업단지가 귀농의 성공적인 정착에 큰 도움이 된다.

3. 시행착오를 줄이는 방법

성공 귀농인들은 나름대로 배울 만한 경험적 비법을 많이 축적하고 있다. 그들의 경험을 전수받는다면 귀농 정착 중의 시행착오를 최대한 줄일 수 있다. 정부에서는 도시와 농촌 간의 불균형을 없애고자 농촌정착에 관한 많은 지원제도와 교육 프로그램을 준비해놓고 있으며 각 지자체 또한 귀농 정착에 대한 다양한 지원책을 마련해놓고 있다. 그렇지만 실제로는 예산이 충분하지 않으므로 무턱대고 기대지 않았으면 한다.

국가 역시 하나의 투자기관이다. 아무나 보고 돈을 덥석 안겨주지 않는다. 우선은 선도농가로 정착하는 것이 순서이다. 그러면 그에 맞게 정부도 지원해준다. 누군가 거액의 지원을 받았다면 반드시 농업발전에 이바지할 수 있는 합당한 이유와 철저한 자격 요건을 갖췄다는 뜻으로 이해하면 된다.

정부에서 운영하는 교육 프로그램에는 매우 유용한 정보를 얻을 만한 교육과정들이 개설되어 있다. 또한 보다 고차원적인 농업기술을 습득하는 다양한 교육이 있으니 열심히 찾아다니며 교육을 받는 것도 성공을 위한 지름길이다.

4. 지역민으로 정착하라

나의 희생과 봉사가 먼저 이루어져야 동지가 모인다. 농촌사회는 상대적으로 좁은 사회라 인성에 대한 평가가 중시된다. 따라서 지역사회 활동에 적극적으로 참여하는 것이 하루빨리 진정한 지역민으로 정착하는 길이다.

옛날부터 잘 무장된 농정공무원 한 사람이 천여 농가를 먹여 살린다는 말이 있다. 도시생활과는 달리 시골의 농정공무원들은 상대적으로 경제적인 약자인 농어민에게 봉사한다는 자세로 공직생활을 해온 사람들이다. 도시공무원만큼의 세련미는 없을지라도 정부의 중요한 기능을 대행하는 최종집행자로서 많은 능력을 갖추고 있다. 간혹 시골 정서를 이해하지 못하여 농촌공무원과 마찰을 빚는 귀농인을 보면 참 딱하다는 생각이 든다. 어떤 농촌이든 반드시 토착민의 텃세가 있다. 지역민이 되는 통과의례라 생각하면서 지혜롭게 대처하도록 하자. 도시생활에서의 습관을 버리기는 힘들겠지만 우선은 자세를 낮추어 접근하기 바란다.

5. 원재료의 품질에 각별히 신경 써라

실험실에서 고부가가치를 창출하는 기술개발도 중요하지만 모든 소재가 자연으로부터 나오는 만큼 원재료가 정말 중요하다. 2차 가공에서도 원재료의 상태에 따라 제품의 질은 천차만별이다. 이를 이해하느냐 못 하느냐에 따라 경쟁력의 차이가 생긴다. 성공한 귀농인들은 이를 재빨리 이해하고 원재료에 집중했기 때문에 농기업을 키워나갈 수 있었다.

인기 있는 작물이라고 덥석 골라서는 안 된다. 통계수치가 정확하지 않은 우리나라의 농업현실에서는 막차를 타는 경우가 허다하다. 또 냄비처럼 금방 유행이 식어버리는 시장 선호 현상도 종종 볼 수 있다. 무엇을 택해야 할지 확신이 서지 않을 때는 성공한 귀농 선배의 농기업에 도제 방식으로 참여하여 함께 호흡하면서 배워가는 것도 바람직한 일이다. 선도농가는 고용 창출, 주변 농가 소득 증대라는 기준을 통과한 뒤에 정부의 지원을 받기 때문에 여러분이 찾아가도 푸대접하는 일은 없을 것이다.

진정서

군수님께 올립니다.

취임식에서 군수님의 말씀을 경청하면서 많은 감명을 받았습니다. 10년을 준비하시며 따가운 푸대접과 조직적인 방해공작에도 꿋꿋이 민심을 통일하신 군수님의 인간 승리 역정에 찬사를 보냅니다. 진심으로 축하를 드립니다.

바쁘신 일정에 많은 말씀을 드릴 수가 없어서 이렇게 글을 올리게 되었습니다.

저는 2010년부터 칠곡군 친환경농업인회 회장직과 칠곡군 매실연구회 회장, 칠곡 팜스테이마을 운영위원장을 겸임하고 있습니다. 또한 농수식품부 지정 신지식농업인144호, 지자체장의 추천과는 전혀 관계없이 청와대에서 직접 추천된 평통자문위원이기도 합니다. 정치적인 당적은 없습니다. 저는 농업인이지 정치인은 아니기 때문입니다.

2000년 3월 1일부로 20년간 다녔던 매일신문사의 부장직을 사임하고 이곳 기산면에 귀농하여 토종 매실을 재배하고 있습니다. 우리 군의 군화가 매화이고 이곳 낙동강을 끼고 있는 송광매원 지역이 천혜의 친환경 재배 적지인데다 아름다운 경치 덕분에 추후 생태공원 및 수변공원의 전국적인 경관농업 명소가 될 수 있다는 굳은 신념으로 이곳에 정착하게 되었습니다.

처음에는 '이곳에도 매실을 재배할 수 있느냐, 농사 경험도 없는 사람이 어떻게 기르려고 하느냐' 등의 많은 우려와 관심이 있었고 10여 년이 지난 지금은 칠곡의 토종 매실이 전국적 브랜드로 자리매김을 하게 되었습니다. 최근에는 매실 재배농가가 100여 가구를 훌쩍 넘었습니다. 재배농가가 살기 위해서는 칠곡에서 재배된 매실을 전량 수매할 수 있는 능력과 조직을 갖추어야 한다는 마음으로 지금껏 사업을 진행해 왔으며, 2010년에는 지역 농가들 수매액이 4천만 원을 넘겼습니다. 아직은 부족한 액수이지만 수매할 수 있는 능력을 키우기 위해 농민들의 교육 및 가공시설 보강, 유통구조 개선, 직거래 체계 확립 및 농촌관광에 많은 노력을 기울이고 있습니다. 지난 10여 년간 칠곡에는 생소했던 매실을 키워 이제는 전국적으로 유명한 농업 조직으로 발돋움했으나 정작 칠곡군에서는 최근에야 그 가치가 조금씩 알려지고 있습니다.

농업법인 (주)송광매원의 26명 임직원은 칠곡에 사는 분들입니다. 칠곡에서 태어나신 분도 있고, 혹은 외지에서 오셨더라도 칠곡군민으로 유도해왔습니다. 초기부터 우리 군민에게 일자리를 제공할 수가 있는 조직체를 갖추기 위해 노력했고, 최근에는 사회적기업으로 선정되어 소외계층 일자리 창출에 일부나마 기여하고 있습니다. 수매 물량은 점차 증가하여 농가소득의 모범 사례를 만들기 위해 노력했습니다.

(주)송광매원은 기산면 죽전리 마을단위사업으로는 우리 군에서 유일하게 녹색체험마을, 팜스테이마을, 테마형체험마을을 유치하여 4억의 도비를 유치하였습니다.

그러한 제 과정에서 기술개발을 위한 지경부R&D사업, 하드웨어 구축을 위한 국비사업에 응모하여 선정되었습니다. 군수님도 아시다시피 국비·도비사업을 공모로 따오기란 쉬운 일이 아닙니다. 수행 여부를 점검하는 자격 요건부터 기대 효과, 지역농업계의 파급 효과 등을 철저히 검증하여 적합자를 선정하는 사업이니만큼 까다로운 조건을 일일이 맞추기 위해 최선을 다했습니다.

최근 군수님께서 지시하신 말씀 가운데 국비, 도비를 많이 받아오는 공직자를 인사고과에 반영하시겠다는 내용이 있었습니다. 그 말씀은 복지부동의 공직자에게는 경각심을, 지역 발전을 위해 애쓰는 참 공직자에는 동기부여가 되는 획기적인 군정입니다. 참으로 환영합니다.

그렇게 될 때 비로소 군수님의 공약이 순조롭게 진행되리라 생각됩니다. 과거 권위주의에서 벗어나 지역 발전을 위해 투입하는 모든 노력이 가시적으로 드러날 때 잘사는 칠곡, 행복한 칠곡이 될 것이라고 믿습니다.

군수님의 말씀을 듣고 가슴이 벅찼습니다.

저희는 시군에서 진행하는 보조사업에서는 늘 후순위였습니다. 제가 칠곡 태생이 아닌데다 매실 재배 농가 역시 그 수가 적어서 큰 기대를 품지 않았습니다. 대신 다른 조직체에서 수행하지 못한 사업과, 국도비의 사업에 힘을 쏟았습니다. 그 결과 송광매원에서 선정된 사업은 대부분이 '우리 군 최초'라는 말을 들었습니다. 그런데 송광매원의 노력을 높이 사는 분들도 계시지만, 일부 자세한 내막을 모르는 분들 사이에서 '칠곡군의 보조금은 송광매원에서 다 가져간다'는 악성루머가 퍼진 것도 사실입니다.

국도비의 공모사업은 농업인 누구에게나 공정한 기회를 열어놓았습니다. 다만 공개경쟁을 통해 수행 자격 여부를 꼼꼼히 따져 최종 선정자를 가립니다. 저희는 지금까지 숱한 사업에 지원하여 고배도 마셔보았고 또 선정도 많이 되기도 했습니다. 이러한 공모 보조사업의 지원 없이 농산업이 자력으로 발전할 수 있는 경제적 환경이 갖추어진다면 그야말로 바랄 나위가 없습니다. 그렇지 못한 것이 우리나라 농업의 현실이기에 국가에서는 전략적으로 지원하여 현상이라도 유지시키려는 것이 아니겠습니까?

중앙정부가 권장하는 미래 농업발전상은 다음과 같다고 생각합니다.

즉 피라미드 형태로 수직화된 최첨단 농업조직으로 거듭나 유통, 가공, 재배, 교육을 담당한다. 요컨대 전국적 판매처를 개발하여 가공된 농식품의 판매를 담당하고 또한 대기업이 장악하고 있는 유통의 횡포에 대항하여 직거래 체계의 해결책인 경관농업을 발전시킨다. 이를 위해서는 1차 재배 농가의 안정적인 소득을 책임지는 농업 CEO가 필요하다.

송광매원은 개인의 이익을 추구하는 조직이 아닙니다. 제가 평생에 걸쳐 모은 재산을 이곳 농장에 다 바쳤고, 다른 시군에서 외식사업을 통해 거둔 수익도 이곳에 재투자를 했습니다.

그럼에도 아직 가야 할 길이 멉니다. 아마도 농사업이 경쟁력을 갖추기에는 너무나 많은 기술과 재원이 필요한 장치산업이기 때문일 것입니다.

오랜 고민 끝에 2010년부터는 송광매원을 예비사회적기업으로 전환시켰는데 이는 송광매원의 재산 3분의 2를 국가 발전에 헌납을 해야 하는 조건이 수반된 일이었습니다. 제 마음을 비워야 조직을 살릴 수 있다는 충절로 이해해주시면 감사하겠습니다.

최근 업무 파악을 위해 군청감사에서 송광매원에 조사를 나왔습니다. 그러나 무언가 호도된 사실이 있다는 말을 접했습니다. 그리하여 이를 소명하고자 이 글을 올리게 되었습니다.

1. 최근 매실밭을 성주군에 이전하고 지금껏 키워준 칠곡을 등지고 추후 성주로 옮겨간다?

이곳 죽전리 매실밭은 국가하천부지에 있다가 4대강사업으로 인해 불가피하게 이전할 수밖에 없었습니다. 그러나 문제는 15년 이상 키워온 매실나무를 이전할 장소를 금전적 이유로 확보하지 못하게 되었습니다. 최악의 경우, 제 손으로 베어내야 할지 모른다는 절망감에 빠졌습니다. 주력 밭이 없어지면 10여 년간 쌓아온 주요 판매처를 타 지역에 빼앗길 수밖에 없습니다. 그렇게 되면 칠곡군 매실연구회 회원들의 미래도 암울해질 수밖에 없습니다. 자식처럼 키워온 매실을 폐기해야 할지 모른다는 두려움에 안동 도산서원, 구미 동락공원, 포항 영일만지구 등지에 매실숲을 기부하였습니다. 매실을 기부한 사실이 언론에 공표되자 해당지자체장님의 감사패가 전달되었습니다. 그러던 와중에 칠곡군 농어촌공사 지사장님께서 딱한 사정을 감지하시고 농지은행제도에 의해 버려져야 하는 매실밭을 살릴 수 있는 구제안을 찾으셨습니다. 평당 4만5천 원까지 특별융자를 해줄 수 있다는 내용이었습니다. 하지만 칠곡군에는 그 가격으로는 도저히 농지를 매입을 할 여건이 안 되었습니다. 그래서 농어촌공사 칠곡지사 전담직원과 함께 의성, 군위, 성주를 이 잡듯이 뒤져 찾은 곳이 성주군 벽진면 골짜기였습니다. 차로 약 45분 거리입니다. 출장영농을 다니려면 길에서 많은 시간을 허비하겠지만 그래도 불행 중 다행이라고 생각합니다.

 그전에 남들이 모르게 구상문학관, 칠곡고등학교, 석전중학교 등 여러 곳에 우리 군화인 매화 숲을 무료로 조성해주기도 하였습니다. 어떤 학교는 이를 계기로 교화를 매화로 바꾸기도 하였습니다.

 제가 지식농부로서 나름대로 명성은 가지고 있어서 당시 성주군 군수님으로부터 송광매원 전체를 성주군에 이전하면 어떻겠느냐고 제의받은 것은 사실입니다. 그러나 그러한 제의는 성주군뿐 아니라 고령군, 구미시, 포항시 등 전국 각지에서도 많이 들어왔습니다. 호의는 감사하지만 사업체 이전이 그렇게 쉬운 일이 아니라고 말씀드리고 정중히 고사하였습니다.

 송광매원을 고스란히 성주로 이전하는 것은 현실적으로 불가능한 일입니다. 천신만고 끝에 약목 무림리에 15년간 임대를 해주시겠다는 지주가 있어서 일부를 또 이전했습니다. 그 결과 주력판매처를 타지역에 빼앗기는 것을 가까스로 지켜냈습니다. 지금이라도 칠곡에 심을 땅이 생긴다면 주저 없이 매실밭을 이전해올 것입니다. 도와주십시오.

2. 향토육성산업에 생소한 차조기가 왜 참가했나? 지역농업발전에 어떤 시너지가 있나? 개인사업에 대한 특혜 아닌가?

 성주의 벽을 넘지 못하는 칠곡의 참외는 얼마나 비참한가요?

2등은 아무짝에도 쓸모가 없습니다. 칠곡의 모든 농작물이 전국적인 대표특산물로 진입하지 못한 것이 과거 우리 농업의 현실이었습니다. 불과 10여 년의 역사밖에 없는 칠곡 매실을 전국적인 브랜드로 키워왔습니다. 매실 재배가 전무했던 칠곡에서 칠곡군 매실연구회가 결성되었고 80여 농가가 매실 하나만을 재배하고 있습니다. 저는 전국 유명매실산지로부터 매실 전문가라는 말을 듣고 있으며 여러 지자체의 매실산업에 관한 자문위원으로서의 역할도 하고 있습니다. 또한 불모지 후발주자로서 매실산업에 큰 획을 그었다는 평가도 받고 있습니다.

 매실과 연관이 많은 차조기는 아토피에 탁월한 기능이 있어 잘만 개발되면 훌륭한 브랜드로 자리 잡을 수 있는 잠재력을 지니고 있습니다. 이는 단순히 저 혼자만의 생각이 아니고 5년간 많은 전문가들과 함께 7억 이상의 연구비를 투입하여 얻어낸 연구개발의 성과입니다. 지금까지 송광매원은 경북대, 안동대, 보건대, 순천대 등 많은 연구진과 함께 지속적으로 연구해왔습니다.

 이 과정에서 우리는 군비 한 푼도 쓰지 않았습니다. 확실한 판로 없이 새로운 농작물을 개발 장려한다는 것은 과거 농업정책에서 볼 때 매우 위험천만한 일인 줄 잘 알고 있습니다.

남들이 하지 않는 블루오션 작물을 시장 진입부터 고수익을 낼 수 있도록 하여 지역농업인에게 소득이 돌아가도록 만드는 과정은 정말 어려운 일입니다. 또한 막대한 예산이 수반되기도 합니다. 그러나 지금껏 아무런 도움을 요청하지 않고 묵묵히 수행해왔습니다. 반드시 성과를 거둘 수 있다는 확신만을 갖고 말입니다.

연고도 없는 칠곡에 정착하여 오늘날의 송광매원을 만들기까지 이곳 버려진 낙동강변 죽전리에 무수한 땀방울을 쏟아 부었습니다. 그러한 잠재가치를 농수식품부의 평가단이 인정했기에 향토 산업 공모전에서 선정될 수 있었습니다.

향토 산업을 통해 그간 연구한 것이 충분히 상품성이 있다면 더 이상 망설일 필요가 없습니다. 하드웨어 구축에는 정부보조금 외에도 눈에 보이지 않는 개인적인 자금 투자가 따른다는 사실도 고려해주십시오.

차조기를 잘 발전시키면 차세대 우리 군의 블루오션 작물이 됩니다. 미래의 소득을 위한 기초 인프라를 구축하는 과정이라고 이해하시면 될 것 같습니다. 사업 인프라를 잘 갖추려면 송광매원에서 20%만 재배하고, 나머지 80%는 축적된 재배기술을 농가에 전파하여 지역농가에서 계약 재배하는 형태로 가야 합니다.

 판매에 대한 확실한 대안도 없이 농가수와 재배면적만 불려 놓던 과거의 농정정책을 많이 보았습니다. 그러나 이전에 경쟁력 있는 가공제품과 시장 확보가 우선시되어야 합니다.

 차조기를 재배한다고 하니까 '차조기는 또 무엇이냐, 당신 참 엉뚱하다'라는 말들을 많이 합니다. 그렇지만 우리나라 석학 및 선각자들은 이미 차조기의 가치를 알아보고 국책연구사업에 동참해주었습니다. 국비 7억 원의 연구자금이 이 사업에 투입되어 심도 깊은 연구를 진행하고 있습니다.

 차조기 사업의 공적 투입액 가운데 20%는 자부담으로 하였으나 이후 추가로 개인적인 자금이 투입되었습니다. 주어진 예산 안에서도 얼마든지 건축물을 지을 수 있습니다. 그러나 건축물을 축소하여 짓게 되면 첫째, 지역개발의 마스터플랜에 문제가 생길 여지가 있고, 둘째, 추후 재건축을 해야 할 소지가 있습니다. 이를 막기 위해 증축을 감안하여 기초설비를 보강했는데 그러다 보니 자부담 비중이 60%까지 증가하였습니다. 그러나 이런 개인적 자금 투입에 대해서는 아무도 알아주는 사람이 없습니다.

2010년 향토사업의 계획

주어진 예산을 투입하여 110평의 창고형 체험관 및 차조기, 벌꿀 와이너리 와인생산시설를 2층으로 증축하여 지을 계획으로 허가를 위한 본 설계에 들어갔습니다. 부지 사용의 효율성 특히 바로 옆 낙동강을 연접하고 있어 2층에서 바라보는 탁월한 경치는 와이너리 생산 및 향토사업의 연관 체험 등을 할 수 있고, 또한 대도시의 소비자들이 인입이 용이한 지정학적 특징을 가지고 있습니다. 2010년에 건립하는 건축물은, 1) 차조기 및 벌꿀 와이너리 및 발포주 개념의 칠곡 특산주를 개발하고 스토리텔링을 첨가할 수 있는 문화생산공간이며, 2) 향토산업 및 지역의 농특산물을 한곳에 전시판매 할 수 있는 장소입니다. 또한 3) 향토산업의 결과로 생산되는 아토피개선 화장품을 체험하면서 홍보를 할 수 있는 쾌적한 공간으로 사용할 계획입니다. 따라서 최소한 100여 명은 수용할 수 있는 공간이어야만 경제성을 갖출 수 있습니다. 1회 몇 십 명 수용은 수익성을 확보할 수 없는 구조입니다. 110평도 좁은 것이 현실입니다.

또한 이 계획은 향토산업 초기부터 마스터플랜을 작성한 것이어서 현재 건물은 미완성이라고 할 수 있습니다. 우선 지붕 벽체 부분의 방수공사를 하지 않았는데 그 이유는 2층으로 증축하면 중복공사가 되기에 1차 공사에서 제외시켰습니다. 본 건물은 2010년 추가공사가 진행되어야 처음 목적대로 완벽한 구조를 만들 수 있습니다. 중복투자를 방지하기 위해 이미 2층 건물을 2009년도에 먼저 짓자고 산업과에 제안해보았으나 향토산업의 예산집행구조상 추가비용이 파생되더라도 연차적으로 건립할 수밖에 없다는 결론을 내렸습니다.

송광매원의 건축물은 이미 10여 년 전부터 낙동강 개발에 따른 자체 계획안에 의거한 마스터플랜을 가지고 배치를 하였습니다.

앞으로 예견되는 중복투자를 방지하고, 지역구조상 체험 및 판매장의 높이가 높을수록 낙동강의 수려한 경치를 최대한 이용할 수 있기 때문에 초기 건축 시점부터 3층 이상의 건물을 증축할 수 있도록 건축 기초에 완벽한 투자를 해왔습니다.

따라서 단위 정부보조사업에서 내려오는 금액으로는 모자랄 수밖에 없어 추가 자부담을 들여서라도 미래지향적 건축물을 준공하고 싶었습니다. 한편 2005년도에는 다른 농민에게 주어졌던 사업이 채 완수되지 못한 채 상부기관에 사업예산을 반납하는 사태가 벌어진 적이 있습니다. 새로운 보조사업자_{농민}에게 사업 진행을 맡겼으나 이마저 능력 부족으로 사업이 중단

되었습니다. 상부기관인 도청과의 문제도 있고, 후년도 칠곡군의 도비 예산이 삭감될지 모르는 문제입니다. 이 문제를 해결할 사람을 찾다가 산업과에서 제게 문제 해결을 요청했습니다. 마침 이 소문이 퍼져 농업기술센터에서 유사한 사업을 제게 떠넘겼습니다. 물론 시설 구축에 목이 마른 저희로서는 호재이긴 했습니다. 지원 예산은 한정적이고, 막중한 자부담을 들여야 하는 조건에 처음에는 무척이나 망설였지만 기어이 칠곡군의 부담을 해결했습니다. 그런데 어쩐 일인지 이 사실이 이상하게 퍼져 송광매원이 돈_{사업}을 쓸어간다는 얘기가 돌았습니다. 전혀 사실이 아닌데도 말입니다.

전임 군수님의 재임시절, 선거를 의식한 지원책 때문에 숫자가 적은 저희 조직은 늘 후순위로 밀렸습니다. 그래서 국가 공모사업에 도전하게 되었고 이렇게 10여년 세월 사이에 장족의 발전을 이룩했습니다.

물론 자력으로 돈을 잘 벌어 국가 지원 없이 지역에 봉사할 수 있는 환경이 되면 얼마나 좋겠습니까? 그러나 농업 특성상 수익 구조를 만들기까지 오랜 시간이 걸리고 인프라 투자와 기술개발, 경쟁력 강화가 이루어져야 최소 손익분기점을 넘기고 나아가 수익 창출을 가속화시킬 수 있습니다. 저희로서는 고지가 그리 멀지 않다고 보고, 지역농업의 발전을 위하여 최선을 다하고 있습니다. 그렇지만 26명의 고용창출과 지역 매실/차조기 농민 그리고 칠곡군 친환경농업인들의 소득 창출에 관한 문제를 모두 짊어지고 가기에는 무척이나 버겁습니다. 밤낮없이 많은 고민에 쌓여있는 실정입니다.

군수님께서 추구하시는 경관농업과 지역발전

오래 전부터 저희들이 고민하고 연구해온 일들입니다. 이해가 부족한 마을 어르신들을 모셔놓고 설득하는 동시에 선도농업회사로서 송광매원이 지역공헌 차원에서 지도봉사를 하는 방식으로 농촌관광녹색체험마을, 팜스테이마을, 테마형체험마을 지정을 추진했으나 이 또한 개인 치부가 아니냐는 의혹이 점점 번지고 있습니다. 주민들이 자발적으로 참여하여 이룩한 지역개발사업에 군에서는 아무런 지원 및 교육도 하나 진행하지 않았고, 그럴수록 죽전리 주민들과 힘을 합쳐 정부 공모사업에 도전, 항상 우리 군에서 최초라는 업적을 달성했습니다. 녹색체험마을만 해도 타시군은 5~6개씩 육성되고 있으나 우리군은 단 하나에 그치고 있습니다. 그만큼 공직사회에서 개발사업에 관심이 없었던 것이 사실입니다. 녹색체험마을로 지정되면 별도의 시군비로 지원책을 마련하여 주민소득 사업에 적극적으로 나서는 다른 군과 달리 우리 군은 아무런 도움 없이 방치하고 말았습니다. 그럼에도 불구하고 2009년에는 도청의 공모사업을 통하여 5대1의 경쟁을 뚫고 테마형체험마을로 선정되기도 했습니다. 이런 사정을 모른 채 무작정 죽전리에 지원이 편향된다는 생각은 정말 고쳐야 할 문제라고 생각합니다.

모든 정부지원에 의해 만들어진 체험마을 등의 결과물은 칠곡군 아침해원골마을, 녹색체험마을의 공동재산으로 등재되어 있습니다. 결코 개인의 치부 수단이 될 수 없습니다.

대다수의 재원이 원골마을에 시설물로 들어갔고 달랑 30평 정도의 체험관이 저희 농장에 지어졌지만 그것도 마을 공동 소유이고 송광매원의 자산재산적 치부과는 하등의 관계가 없습니다.

그래 놓고도 지역주민의 소득을 창출하라니. 억장이 무너지는 마음이었습니다. 자부담으로 별도의 건축과 부속설비를 하여 그래도 체험마을을 끌고 가야 하는 고난의 행군을 해왔습니다.

군수님의 공약 가운데 경관농업과 직거래 추진 및 낙동강변 고급레포츠공원 조성, 낙동강호국평화공원 조성, 와인터널 조성사업 등을 훌륭히 수행할 수 있는 민간 아이디어도 매우 많습니다.

칠곡의 특산와인 및 와이너리 운영 전반의 노하우를 이미 개발 전 단계까지 진행시켜놓았습니다.

저만 하더라도 청송군 지역개발 자문위원, 김포시 매실연구회 자문위원, 하동군 매실 및 농촌관광개발 자문위원 등에 위촉되어 농업의 6차 산업 실무 전문가로 전국적인 명성을 가지고 전국 방방곡곡에 전문강사로 초대받아 특강을 다니고 있으나 정작 우리 군에서는 전혀 알려져 있는 않은 실정입니다.

올해만 하더라도 향토사업 중 차조기 테마로 그토록 어렵다는 경상북도 공동브랜드인 실라리안에 칠곡 농특산물 가운데 처음으로 자소밀이 선정되는 영광을 누렸고, 제14회 경북도 관광기념품경진대회_{특선}, 제2회 경북 농수식품 발전아이디어 공모전에 입상하는 등 성과를 거두었으며 경북도에서 공모하는 경북야간관광의 10선 아이디어 공모전에도 우리 군에서 유일한 공모자가 되는 등 불철주야 노력을 경주하고 있습니다.

이러한 사항은 연말 향토산업의 평가에도 중요한 실적이 될 수 있습니다. 원하신다면 민간전문가로서 백의종군하여 농촌관광개발의 군정에 다양한 아이디어를 제공할 수 있습니다.

군수님께서 추구하시는 소통의 칠곡, 살기 좋은 칠곡, 돈이 되는 칠곡 만들기에 신명을 바치겠습니다.

또 송광매원에 그 어떤 잘못이 있다면 그에 합당한 대가를 받겠습니다. 그러나 무분별한 마녀 사냥에 의해 피해를 입고 있는 저희의 억울한 사연을 군수님께서 진위를 따져 살펴 주시는 게 바람직하다고 생각합니다.

언제든지 필요하시면 충분한 소명을 올리겠습니다.

전임군수 시절 송광매원은 원치 않는 아웃사이드가 되어 밖으로만 돌았습니다. 이제 소통을 중시하고 올바른 칠곡을 재창조하시려는 군수님을 맞아 한 알의 밀알이 되고 싶을 따름입니다.

바쁘신 가운데도 장시간 시간을 할애하여 읽어 주신 데 대해 머리 숙여 감사를 드립니다.

사업계획서

칠곡 아침해원골 리버나이트 투어

*2010년 8월 제3회 경북 관광 아이디어 공모전에서 은상을 수상한 사업계획서이다.

요약서

● 제안배경 및 필요성

4대강 강정보 최상류인 칠곡군 왜관읍과 기산면 사이 낙동강 강변에 아침해원골이라는 마을이 소재한다. 이곳은 대구에서 20분, 구미에서 15분 거리로 교통의 요충지이며, 낙동강을 끼고 대구 달성군에서 구미, 석적까지 4차선 강변도로의 가로등이 경관을 연출하고 있다. 또한 이곳은 역사적 유물로 지정되어 있는 호국의 다리_{왜관철교}에 설치된 LED 조명과 건너편 강물에 비치는 도심의 불빛이 아름답고 일출이 수려한 강변마을이다.

이 마을에는 기존에 조성된 관광 인프라_{농수식품부 지정 녹색농촌체험마을,} _{농협 지정 팜스테이마을, 경북도 지정 테마형체험마을}가 있으며, 도농복합도시 기능에 걸맞은 6차 산업농수식품부의 향토산업육성사업자 지정 아토피개선 향장소재개발 및 제품개발과 체험관 조성이 실현되어 있다. 또한 칠곡군과 함께 심혈을 기울여 이곳에 에코관광 및 호국문화관광을 계획하고 있다. 특히 강 고수부지에 오토캠핑장을 설치하면 서울시에 못지않은 그 이상의 반응을 이끌어내어 대구·경북에서의 야간관광 명소가 될 것이다.

가까운 거리에 야경을 즐길 수 있는 곳이 우리 도에는 드물다. 그럼에도 불구하고 인구 12만이 넘는 이 지역에 변변한 공원 하나 없는 실정이다. 만일 이곳을 개발하게 되면 지역경제 및 성숙된 지역 문화적인 요소가 충만한 친환경공원이 될 것으로 판단된다.

● 관련 관광지 및 관광자원 활용

호국로호국의 다리, 구상문학관, 4대강 칠곡보, 베네딕트수도원, 가실성당, 송광매원에서 보는 낙동강 야경, 전적기념관, 국조전, 기산휴양림, 마애석불, 아침해원골마을의 자체인프라 구축 및 활용

● 세부개발계획개별 및 공식행사의 단체 프로그램 운영

캠프파이어와 바비큐 파티 및 옛 동요 부르기, 소원기원 풍등

날리기, 밤하늘의 강변 불꽃쇼, 으스스 밤 강변산책, 농특산물 및 깜짝 벼룩시장, 체험 디카 경진대회, 친환경 수제 베이컨·햄/또띠아피자 등 아웃도어 요리 만들기 및 약선음식 체험, 가족별 DIY 바비큐요리 체험, 가족 간의 대화 시간 만들기 위한 가족별 모닥불_{화롯대} 체험, 야간승마 체험

● **홍보·마케팅 방안**

한국관광공사를 통한 홍보, 대구시 시티투어 연계관광, 대산농촌문화재단의 도농교류사업, 농림수산식품부의 다양한 체험교실, 교육청의 가족캠핑 유치, 관련 단체의 홈페이지_{농어촌공사의 웰촌, 농협의 팜스테이, 칠곡 향토산업의 홈페이지, 송광매원의 홈페이지 등}를 통한 홍보, 포털사이트_{다음, 네이버 등} 동호회와의 협조체계 구축, 계절별 다양한 체험프로그램 기획, 회원제 카드 발행 및 마일리지 적립, 지역의 부분별 전문강사 풀을 이용하여 공연기획 및 체험프로그램 강사 확보

● **기대 효과**

하드웨어인 야간의 강변 풍광과 체험관광객을 맞을 수 있는 관광 인프라가 구성되어 있어 경쟁력 있고 차별화된 소프트를 개발하면 경북의 야간관광 명소로 거듭날 수 있음.

아이디어 계획서

I. 서 론

1. 제안 배경 및 필요성

　4대강의 강정보 최상류인 칠곡군 왜관읍과 기산면 사이의 낙동강 강변에는 아침해원골이라는 마을이 소재하고 있다. 일출이 수려하고 건너편 강물에 비치는 도심의 불빛이 아름다운 강변마을로, 농수식품부 녹색체험마을과 농협의 팜스테이 마을, 특히 경북도 관광산업국의 테마형체험마을로 지정되어 있어 어느 정도 관광 인프라가 조성되어 있고, 농수식품부의 향토산업육성사업으로 지정받아 아토피 개선의 향장소재와 그 소재를 이용한 제품개발 및 체험관을 조성하여 도농복합도시의 기능에 걸맞은 농산업의 6차 산업을 실현하고 있다. 대도시와의 인입성이 좋아 대구에서 20분, 구미에서 15분의 거리에 있는 교통의 요충지이기도 하다. 낙동강을 끼고 동쪽에는 대구 달성군에서 구미, 석적까지 4차선 도로가 생겼고, 도로상의 가로등과 강 건너 도심의 불빛이 낙동강 수변에 어리어 운치 있는 경관을 연출한다. 북쪽에서 4킬로미터 기점에는 1시군 1관광명품 육성에 따라 수행해야 할 과제가 있으며, 또한 이곳에 호국의 다리_{왜관철교}가 역사의 유물로 지정되어 있는데 이 다리에서는 LED 경관조명으로 야간 조명쇼를 펼쳐 많은 호응을 받고 있다. 추후 4대강의 준설사업을 마치면 작오산을 위시하여 호국 테마의 공원을 조성하려는 계획을 가지고 있고, 이곳 강변지역에는 오토캠핑장, 자전거 유스호스텔, 강변 마리너 건립에 관해 칠곡군과 함께 심혈을 들여 에코관광 및 호국문화관광을 계획하고 있다. 근방에 야경을 즐길 수 있는 곳이 우리 도에는 드문 것이 사실이다. 그럼에도 불구하고 인구 12만이 넘는 이 지역에 변변한 공원이 하나 없는 실정이어서 이곳을 개발하면 지역경제 및 성숙된 지역 문화적인 요소가 충만한 친환경공원이 될 것으로 판단된다.

II. 본 론

1. 관련 관광지 및 관광자원

(1) 주변 관련 관광지

호국로호국의 다리, 구상문학관, 4대강 칠곡보, 베네딕트수도원, 가실성당, 송광매원에서 보는 낙동강의 야경, 전적기념관, 국조전, 송정자연휴양림, 마애석불

(2) 아침해원골녹색농촌관광 영농조합법인 중심의
    자체 관광 인프라 개요

아침해원골은 마을 주민과 송광매원의 임 · 직원이 함께 지역 농촌관광의 발전과 농업의 6차 산업을 달성하기 위해 함께 공존하며 각종 농산업의 국책사업과 농촌관광 등의 지역발전을 수행하고 있는 조직체임.

- 2008년 녹색체험마을의 강변 전망체험관60평

- 60명 수용 소회의실 및 요리체험실

- 120명 수용 세미나 강당80평

- 벼룩시장 및 대규모 실내행사를 위한 다목적 농가 창고100평

- 지역 농특산물 판매장 Eco Shop, 30평

- 유기농 식당40평

- 2010년 경북도 테마형체험마을40평 : 육가공, 전통차, 목공 공

방 및 샤워장

- 가족단위 숙박용 코티지원두막 8동

- 2010년 향토산업의 체험용 2층 전망카페건립 승인 및 보조금 교부. 110평

- 전통차 체험장60평

- 농산물 가공공장200평

- 강변 산책로 3km

- 야생화단지 및 운동장, 주차장15,000평

- 체험용 백련밭1,200평

- 친환경 유기농채소 1 및 허브 체험온실 300평

2. 세부 개발계획

(1) 공식행사의 단체 프로그램 운영(안)

가. 캠프파이어와 바비큐 파티 및 옛 동요 부르기

간단한 환영 인사와 전적지로서의 역사적인 배경에 관한 설명
후 대형모닥불을 피워놓고 전문 동요 가수들이 진행하는 옛 동
요 콘서트 및 따라 부르기와 이웃과 친해지기 프로그램 진행과

각종 소규모 문화공연을 실시_{매주 토요일 밤}. 아사도, 브리스킷 바비큐, 포크립 등 다양한 형태의 바비큐를 준비하여 원하는 대로 저렴하게 먹을 수 있도록 유도함.

- 강변 고수부지에 행사무대 설치 후 야외 다이닝 식사테이블_{이동 가능 테이블}을 설치하여 참가한 이웃과 자연스레 친해지며 교류할 수 있는 분위기 연출

- 야외 바비큐 뷔페의 친환경 식단 구성_{육가공에 의한 직화구이, 햄, 베이컨, 소시지가 기본. 계절해물요리 : 조개구이, 오징어순대 바비큐, 새우, 언어프랭크 등, 지역농산물로 구성된 유기농 샐러드바 및 감자, 고구마, 단호박, 가지 구이요리, 세계 각국 요리 멕시코-퀘사디아/이태리-피자, 스파게티/일본-테리야끼/한국-삼신땅 구이 등, 와인 및 지역 토속주 등} 값싸며 격조 높은 요리와 테마별 식단으로 참여 가족의 품위 격상과 만족도 제고

- 영남일보 이춘호 기자가 주관하는 옛 동요 부르기 모임과 연계하여 남녀노소의 일체감을 주는, 또 마음을 여는 프로그램 운영으로 이웃과 친해지기 분위기 조성 후 테마별 공연_{지역의 브라스밴드, 판토마임 전통문화 공연}을 시기에 맞추어 구성

나. 소원기원 풍등 날리기

풍등에다 집안 및 참여자들의 소원을 적어 밤하늘에 날리기 이벤트. 풍등의 규격에 따라 참여자가 가격대로 별도 구입 후 동시에 몇 십 개를 날리면 밤하늘 아름다운 풍광과 추억을 만들 수 있음.

- 부담스럽지 않은 가격으로 풍등을 구매 또는 DIY로 직접 만들어 참여자들의 소원을 적어 단체로 동시에 날리게 함으로써 광활한 밤하늘, 강변의 수면반사효과, 가시권에 들어오는 호국의 다리 LED 조명쇼와 앙상블을 극대화하여 환상적인 풍광 연출 최소한 50개 이상. 참여자가 적으면 주최 측에서 추가 발포하여 야경 연출

- 가족 · 연인의 화합, 참가자들의 협동심 고취, 스트레스 해소극 적인 광경을 촬영하여 사전홍보

다. 밤하늘의 강변 불꽃쇼

풍등 날리기를 마치고 참여자가 동시에 참여하는 밤하늘 불꽃쇼. 대규모 집단이 동시에 밤하늘 불꽃놀이를 하며 안전수칙

만 준수하면 강변 고수부지 지역이라 화재의 위험에서 안전함.

- 풍등행사가 정적이라면 불꽃쇼는 참여자들의 스트레스 해소
를 위한 동적 활동. 참가자 한 사람당 2개의 불꽃을 제공하여
동시에 진행하므로 협동심 고취_{주최 측 배려로 마지막에 고급형 불꽃쇼를 공}
연하여 환상적인 Final Ending으로 유도

라. 으스스 밤 강변산책과 야간승마 트레킹 체험
은은한 강 건너 불빛을 받으며 정해놓은 코스를 다니는 유령
파티_{가족의 단결력 강화}. 1Km 정도의 강변 산책로에다 6.25사변의 원
혼을 연출하는 고스트파티를 열어 전쟁의 아픔과 평화의 중요
성을 일깨우는 이벤트로 연출함. 4대강 낙동강사업의 일환으
로 자전거도로로 개설됨. 옆에 승마코스 동시 개설 및 경북도 마
필산업 육성사업의 일환으로 로드 런닝 적지로 선정. 2011년에
칠곡군청 산업과 축산계에서 10억 예산을 투입하여 강변 승마
마필사업 육성계획 검토중

- 가족·연인·회사 동료 등의 연대감 조성 및 공포스릴감 만족
유료 선택사항

- 강 건너 도심의 조명과 강수변의 반사효과로 야간 승마에 안전상 무리가 없음. 가족 중 승마에 무리가 따르는 연소·노약자는 농촌관광 트랙터 트레일러 또는 관광마차로 대리 승마트레킹을 유도

- 칠곡군 주둔 미군 ADA 패트리어트 미사일대대와 한미우호관계를 맺고 있어 고스트파티 소도구 및 전사한 UN 군인의 원혼에 관한 연출협의 협조가 가능함주둔 한미 대민관계 우호처 협의.

마. 농특산물 및 깜짝 벼룩시장

100여 평의 다목적 창고에 판매대를 설치하여 지역의 농특산물을 직거래하는 직판장을 개설한다. 각자 집에서 불필요하나 버리기 아까운 상품들을 가져와 거래가격을 설정하여 판매가 이루어지면 일정액을 판매수수료로 내는 형식의 벼룩시장을 개설함. 편의를 위해 상시 판매원을 두어 상품과 가격을 정해주고 등록을 해놓으면 팔아주는 형태로 운영함.

아침해원골 야경관광에 참여하면서 쇼핑의 즐거움을 누릴 수 있는 일석이조의 효과를 창출하고자 함. 경우에 따라서는 옥션 형태로 이벤트 기획을 할 경우 참여도가 높아질 것으로 기대됨.

- 2010년 7월 1일부로 송광매원이 경북도 예비사회적기업으로
  선정됨에 따라 지역의 노약자 등 소외계층의 일자리를 창출할
  계기와 사회적기업의 연대로부터 매장 구성 및 운영에 관한
  지원을, 대기업 사회공헌팀으로부터는 시설 및 장비를 지원받
  을 수 있게 되었음. 정상운영까지의 리스크 해결에 도움이 됨.
  특히 올해 8월 다국적기업인 BAT Korea로부터 육가공의 향
  미 개선과 천연보존에 쓰이는 자동스모커시가 2천5백만 원 외 상당
  의 고액 장비지원이 PPT 공모사업으로 확정되었음.

- 2010년 6월부로 경북도지정 우수제품인 실라리안에 선정됨에
  따라 관련 산업의 제품, 또 격조 높은 실라리안 로고를 사용할
  수 있고 칠곡군의 브랜드 아침해칠곡 농특산물을 사용할 수
  있어 대외소비자 신뢰를 받을 수 있음. 지역의 친환경 품질인
  증 농산물과 경북도 우수농산물 지정품 위주로 거래

- 코스트코COSTCO 형태의 보관랙에 의한 창고형 매장 형태로 운영

바. 체험 디카 경진대회

 새벽 일출 및 야경관광지인 농장 곳곳에 피어있는 수많은 종류의 꽃과 야생화들을 탐색하고 가까운 연 밭의 연화가 꽃피는 모습을 찾아 사진 찍기. 후에 주기적으로 경진대회를 열고 강변야경의 풍광 및 행사인물 사진전 등 다양한 형태의 디카 사진 콘테스트를 개최하여 참여율 증진. 특히 가족들의 행사사진을 티셔츠에 전사하여 기념품을 만들어 주는 행사도 기획.

  - 즉석 전사 티셔츠 인쇄 장비를 구비하여 내방객이 찍은 작품의 파일 저장과 전사 티셔츠를 현장에서 유료로 제작하여 기념품으로 가져가는 'LA. UNIVERSAL STUDIO' 방식의 부스 설치. 단체복장을 맞춰 스태프들에게 입히고, 기관지원 농촌관광 참여자에게 기념품_{비용은 기관에서 지원}으로 제공

  - 매회 우수작품을 선정하여 상장과 상품을 수여하고 분기별 시상과 연말에 칠곡의 야단법석 대상제도 실시하여 경진대회의 위상을 제고

사. 친환경 수제 베이컨·햄/또띠아피자 등 아웃도어 요리 만들기 및 약선음식 체험

일몰 한두 시간 전에 요리체험 교실을 열어 계절 요리 만들기 체험강습을 실시함. 고기를 안 태우고 잘 굽는 법, 수제 햄·베이컨 등을 직접 요리체험을 하여 만들어가기, 6월 : 매실 농축액 만들기, 7월 : 차조기 아토피 개선음료 만들기, 8월 : 연잎밥/연화차 만들기, 9월 : 감자요리 체험, 겨울 : 발효 소시지, 햄 살라미, 판체타 등 만들기 체험 등 차별화된 먹을거리 만들기 체험을 하여 집객효과 극대화를 하며 이미 식재된 가식성 허브 바질, 타임, 세이지, 코리엔더, 로즈마리 등를 이용하여 만드는 차별화된 요리강습을 함으로써 흥미 유발로 인한 지속적인 참여 유도 및 와인스쿨, 지역 전통주 막걸리, 매실주 및 수제 맥주 만들기 등 먹을거리 체험으로 유도하여 주간에도 상시 내방할 수 있는 체험마을로 육성시킴.

- 먹을거리, 볼거리, 즐길거리, 살거리가 지역관광의 목표달성 창달이고 그중에 농촌관광을 하는 칠곡의 차별화 조건은 우수한 먹을거리 개발에 두고 있음.

- 10여년에 걸친 먹을거리와 식품산업의 국책 R&D를 10억 이

상 주관기관으로 연구수행을 했으며 참여연구기관인 각 대학교의 식품연구와의 네트워크가 구축되어 농업·농촌을 살리는 과업을 꾸준히 추진해오고 있음. 특히 경북 TP의 전략산업기회단의 지원으로 선정된 차조기를 이용한 아토피 개선 향장소재개발연구 사업은 이것이 성공하면 첨단복합 의료관광의 영역까지 진출할 수 있는 교두보가 설정됨.

이로 인해 2009년 농수식품부로부터 칠곡 차조기 향토산업 육성자_{3년간 30억 지원}로 선정되어 과업수행중에 있음.

(2) 개별행사의 프로그램 운영(안)

가. 가족별 DIY 바비큐요리의 체험

개별적으로 차콜 그릴 또는 화롯대 및 불 피운 브리스킷, 조리기구를 대여하고 대형 현수막에 직화 또는 간접구이에 대한 설명문을 표시하여 손쉽게 직접요리를 할 수 있도록 유도, 샐러드바를 설치하여 지역에서 생산된 야채, 허브 및 과일류, 양념류를 비치하여 즉석조리가 가능하게 유도함. 냉장매장을 준비하여 경북의 축산물 특히 칠곡군의 특산물인 메추리 구이 및 해산물, 밥, 연잎밥, 즉석 제조된 6.25부대찌개 등의 아웃도어

요리의 소재를 계절별로 준비하여 가족들이 직접 요리를 해먹을 수 있도록 편의를 제공하고, 지역의 친환경 농수축산물을 소개하는 장으로 이용 후 돌아갈 때 구입할 수 있도록 시스템을 운영함. 또한 경북도의 명주 및 지역주를 비치하여 싼값에 판매를 하고 일몰 전에 오는 가족들을 위한 오늘의 요리 특별 강습회 실시로 아웃도어 요리의 동기를 유발시키고 친환경 먹을거리와 무보존료의 식품을 만드는 먹을거리 요리 강습회 실시로 친환경농산물 소비 촉진 유도함.

- 먹을거리의 세부과제에서 경북도의 야간관광의 중요성은 돈이 되어야 합니다. 전통식품에 의한 푸성귀만으로는 무공해 산업의 경제 주체인 지역 관광산업을 부흥시키기에 한계가 있습니다. 그래서 가격을 올려 받을 수 있는 육류와 해산물이 메인으로 나오고 자연적 농산물은 사이드로 나와 서로 조화를 이루면, 최고급 프랑스요리를 만찬으로 먹고도 호텔로 돌아와서 신라면 또는 김치, 고추장을 찾는 우리의 식습관이 있듯이 고기를 강조해도 야채와의 조화로운 식사는 지역의 경제와 농산물을 살리는 첩경이라 사료됩니다.

- 또한 칠곡의 낙동강 야간관광은 6.25사변 때 강이 핏빛으로 변한 많은 사람들의 아픔이 있었고 수많은 국가에서 UN군으로 참전을 했기에 지켜질 수 있었던 대한민국입니다. 국가의 위기를 지켜낸 이곳을 별로 기념하지 않고 있습니다. 전쟁의 기억은 멀어져만 가는 데 반해 이웃나라 일본은 히로시마 및 나가사키에 원폭 투하의 아픔을 기억하고 그것을 이용한 관광을 얼마나 개발시켰습니까? 최근에는 가해 당사국인 미국과 영국에서도 관광객을 유치하고 있습니다.

미국 역시 제2차 세계대전의 시발지인 하와이 진주만에 가라앉은 전함에 의한 위령관광을 하고 있습니다. 최근 일본인의 관광객이 많이 찾는다고 합니다. 우리나라에서도 최근에 6.25 때 도와준 잊혀진 나라 터키, 태국, 필리핀 등지에 관심을 가지고 참전용사와 그 지역에 도움을 주려는 행사가 정부차원에서 진행되고 있습니다. 참전용사와 그 가족들이 과거현장을 보기 위해 이곳을 찾습니다. 그러나 먹을거리 외에 모든 관광 인프라가 부족합니다. 먹을거리 또한 국제화되어 외국인도 찾을 수 있는 환경이 조성되어야 합니다.

이곳에서 지척으로 보이는 작오산에 6.25사변 초기 포로가 되어 살해당한 미군병사를 기념하기 위한 작오산에 메

모리얼 파크가 대규모로 조성되고 많은 외국의 관광객이 유치되는 환경이 조성이 될 때, 세계 각국의 음식 개발이 이곳 관광의 또 다른 경쟁력이 될 것입니다.

- 세계 각국의 스프와 생존의 빵을 승화시키고 개발하여 6.25 때 사용했던 미군용 밥통에 담아서 전투체험을 하는 관광도 차별화된 경쟁력을 가질 수가 있습니다. 그러기 위해서는 이곳 주민이 관광음식 개발에 관한 연구와 노력이 선행되어야 할 것입니다. 이런 고민과 노력을 10여년간 해왔기에 감히 차별화된 먹을거리를 경북도 야간관광에 접목시키고자 합니다.

나. 가족 간의 대화시간을 만들기 위한 가족별 모닥불화롯대 **체험**

재미있는 공식행사도 좋지만 야경이 좋은 장소에서는 가족 간의 대화시간이 무엇보다도 중요할 것이다. 따라서 가족별 또는 친지들과의 개별적인 시간을 야외에서 가질 때 모닥불이 가져다주는 의미는 도시생활에서 경험하지 못한 새로운 추억을 만들 수 있다. 이때 가족별 모닥불화롯대을 대여하고 장작을 준비해주면 손쉽게 대화의 장을 마련할 수 있다. 또한 거기다 야참으로 야채나 육류, 해산물을 개별적으로 구워 먹을 수 있도록 지원을 한다. 잠은 개별적으로 텐트를 칠 수 있는 공간 제공 및 코티지_{원두막} 또는 단체 민박을 하는 형태로 방문자가 선택할 수 있도록 유도함.

- 유유히 흘러가는 달빛 어린 강물을 보며 재미있게 공식행사를 마치고 밤늦게까지 연인, 가족, 친구 및 친지 또는 직장동료들과의 개별모임의 정적인 공간과 분위기 연출은 의사소통을 하여 주는 좋은 관광추억이 될 것임.

3. 홍보 · 마케팅방안

농어촌공사의 웰촌, 농협의 팜스테이 체험 소개, 칠곡 향토산업의 홈페이지, 송광매원의 홈페이지, 칠곡군 향토사업단 홈페이지, 한국관광공사를 통한 홍보를 통하여 소개를 하고 대구시 시티투어 관광에 연계하여 투어관광 코스로 신청을 하며 대산농촌문화재단의 도농교류사업, 농수식품부의 도시소비자 1박2일 체험코스, 귀농 · 귀촌 1박2일 현장교육, 농수식품부 신지식인회의 1박2일의 농산물가공 체험교실의 유치를 해놓아 기본적인 집객을 제도적으로 공모를 하여 확보해 놓고 있으며, 다음 및 네이버의 취미활동카페 중 캠핑, 사진, 아웃도어요리, 귀농·귀촌, 와인, 수제 맥주 만들기 동호회 등 연관된 취미카페 회원들을 유입시키도록 카페지기와의 협조 체계를 구축. 칠곡군청의 알림이 및 칠곡문화원과의 연계사업 실시 행사진행 및 아침해원골 홍보책자 발간, 대구·구미·왜관지역의 기업체에 단체방문의 홍보강화 및 재방문 유도를 위해 다양한 계절별 체험프로그램 기획약선요리, 농사체험, 수확체험, 아토피캠프, 허브 가공체험, 전통차, 전통주 만들기 등을 구성하며 회원제 카드를 발행하여 마일리지 적립 및 사은행사 실시. 교육청과 연계하여 가족캠핑 유치하고 지역의 호국적인 6.25사변 역사적인 배경 홍보와 도농복합도시의 장점을 이용하여 지역민의 참여 유도 및 지역에서 생산된 농특산물의 홍보 및 직거래 판매 확대. 특히 벼룩시장의 적극적 참여 유도로 벼룩시장의 활성화 실현. 지역의 부분별 전문강사 풀을 이용하여 공연기획 및 체험프로그램 강사를 확보함.

또한 육해공 3군의 사관학교들이 전쟁 성지로 방문하는 점을 이용하여 이곳에서 캠프 숙박을 유도 6.25참전국 관련 관광객 및 국내 참전용사의 관광유치. 농촌관광 및 문화관광의 전문 팸투어 여행사의 신상품 개발 등

III. 결론 : 낙동강 프로젝트와 연계성

1. 기대 효과

  하드웨어인 야간의 강변 풍광과 체험관광객을 맞을 수 있는 관광 인프라가 미흡하지만 구성되어 있어 경쟁력 있고 차별화된 소프트웨어를 개발하면 경북의 야간관광 명소로 거듭날 수 있는 구체성이 우수함. 녹색체험마을, 팜스테이, 테마형체험, 향토산업육성의 국책과제와 아토피 개선 향장소재 등의 R&D 사업을 상호 연계시켜 상당수의 하드웨어는 구축되어 있음. 국책사업의 수행내용 중 농촌관광의 요소를 소비자 직거래에 초점을 맞춤으로써 사업의 연계성과 시너지를 창출함. 경북도의 야간관광콘텐츠로 인해 명소로 거듭남으로써 4대강 사업의 일환인 금수강촌사업30억, 농수식품부의 마을종합개발사업60억, 낙동강 평화공원 구축 향토산업30억, 문화관광부와 농수식품부가 공동으로 주체하는 농촌문화마을 조성사업, 경북도의 부자 만들기 사업, 칠곡평화 관광특구 지정사업 등의 관련 사업을 유치할 때 좋은 평점을 받을 수 있어 관련 농가 및 지역민의 소득 증대와 지역 발전에 크게 이바지할 수 있을 것이다.

또한 제3회 경북 야간관광 아이디어 공모전에 참가하여 버려진 관광자원에 관심을 기울일 수 있는 관광정책 당국과 관광 관계 전문가들에게 소개함으로써 국제적인 관광명소 만들기에 체계적인 전문가의 도움을 받을 수 있는 인프라의 구성 및 계기가 되는 것이 가장 큰 기대효과로 본다.

이번 일을 계기로 관광에 관한 전문가와 함께 이 지역 발전을 위한 공동 국책연구과제를 이루는 팀 구성이 되었으면 한다.

2. 기 타

4대강 녹색뉴딜 사업의 하상공사를 마친 뒤 하상 마리너 설치로 야간리버크루즈, 자전거도로에 의한 바이크 유스호스텔, 고수부지를 이용한 오토캠프장 설치와 인접 토지를 이용한 수목원 조성사업을 통해 이 지역을 명소로 만드는 과정을 수행함에 있어 밑거름으로서 야간관광의 소프트웨어 개발이 선행되어야 하고 지역의 스토리텔링 관광자원을 개발하여 도농복합도시에 걸맞은 관광산업을 발전시켜야 하겠다.

2010년 민선5기 신임 칠곡군수의 공약 중

- 16)항 : 낙동강 강변 종합체육공원 조성

    · 4대강 살리기 사업과 병행 친환경 체육공원 조성

    · 잔디축구장, 야구장, 풋살장, 인라인스케이트장

- 17)항 : 걷고 싶은 아름다운 길 조성

    · 낙동강변길, 천주교성지순례길, 호국순례의길

    · 아름다운 길 조성으로 주민건강 증진 및 관광객 유치

- 31)항 : 낙동강 호국 평화공원 조성

    · 다부동전투 등 낙동강 전선의 상징적인 위상 정립

    · 전쟁을 평화로 승화시켜 우리 군의 랜드마크화

- 33)항 : 낙동강변 고급레포츠 공원 조성

    · 레포츠 공원 조성으로 레저인구 유입 촉진

    · 경비행장, 카트장, 승마장, 수상스포츠시설 등

- 34)항 : 대구-왜관 간 경전철망 구축

위 사항이 이곳 송광매원 그리고 아침해원골녹색체험마을이 위치하고 있는 낙동강에 이루어질 공약 사업 계획임.

경북도와 대구시의 4대강 공사 이후 관련사업과의 연계성

칠곡보에서 하류로 내려가면 강정보대구시와 고령군가 나온다. 그곳을 넘어가면 금호강과 낙동강의 합수부, 즉 양대강이 만나는 지점이 나온다.

❶ 대구시의 역점사업 계획 : 합수부의 대구지역에 수상 에코 파크 조성사업카지노 호텔 포함
❷ 경북도의 역점사업 계획 : 합수부의 경북 고령 지역에 디즈니 랜드 조성사업
미국계 은행단에서 50% 투자 예정. 경북도 정무부지사께서 미국 출장으로 긍정적인 투자 유치 의사를 전달받은 것으로 사료됨.

따라서 강정보를 통한 칠곡보와 구미보 사이의 낙동강변은

연계관광 시너지를 누릴 수 있는 제3섹터낙동강 관광지로 부상될 수 있으며 이미 도쿄 디즈니랜드의 개설 효과로 지역관광계의 제3섹터관광시너지는 검증된 바 있음. 수상을 이용한 연관 관광시설의 연계 등은 차세대 대구·경북의 녹색성장동력 사업으로 추진해야 할 과업임. 그 가운데 위치하는 칠곡을 가로지르는 낙동강변은 호국평화의 스토리텔링과 주요구간에 고압선 하나 없는 청정 지역 그리고 건너의 불야성을 이루는 공단과 도심의 야간조명이 다양한 강변체험 및 크루즈 등 다양한 관광자원을 개발할 수 있는 천혜의 요건을 지니고 있음.

또한 G20 서미트를 개최함과 동시에, 원조를 받는 나라에서 주는 나라로 변신한 대한민국은 6.25사변 우리가 어려울 때 도와준 나라 가운데 개도국을 선별하여 우선적으로 도와주어야 한다는 국민적 공감대 형성되어 있고 한류열풍에 따라 많은 나라에서 한국을 방문하는 추세가 꾸준히 증가되고 있음.

이번 제3회 경북 야간관광아이디어 공모를 통해 좀 더 고차원적인 전문가들과의 개발계획을 수립하면 세계적인 명문 관광 사이트로 발전할 수 있는 소지가 있음.

연관된 정부 지역개발 보조사업

❶ 오토캠핑장 건립사업 : 총액 40억국비 50%와 지방비 50%의 매칭. 지자
체에서 공사 완료 후 지방정부에서 직영하거나 지역민 또는
연관 조직체에 위탁경영을 할 수 있음지역민 소득사업.

❷ 강변 자전거 전용 설치 시 경남 경계에서부터 경북 구미경계
까지 낙동강 둑길만에 설치가 되나 본 구간에서 고수부지로
내려와 휴식을 취할 수 있는 형태로 설계되어 있음. 자전거
도로의 휴게소 역할을 할 수 있는 천혜의 지정학적 조건이
완비되어 있음.
따라서 자전거 전용휴식처와 바이크 유스호스텔과 바이크 연
관 서비스 사업을 문화관광부의 지정 관광융자 자금으로 구
축할 수 있음. 이미 농수식품부의 향토산업 지원 프로그램에
추후에 법적인 전용이 가능할 시기를 대비해 건축물 구조를
미래 지향적으로 설계를 해놓아 중복투자 위험을 배제시켰음.

❸ 4대강 금수강촌 마을개발 사업30억과 주민이 동참하는 농촌
종합개발사업60억 등의 다양한 농촌공간 개발 지원사업이 산

266

재되어 있을 뿐 아니라 착한기업, 사회적기업의 정착 발전을 위한 대기업의 사회 공헌 프로그램도 산재되어 있음.

경북도 야간 관광의 아이디어 사업을 전개하기 위한 구체적인 절차

녹색체험마을, 팜스테이 마을, 경북도 테마형 체험마을 등 그간의 지정된 사업으로 하드웨어 구축을 해나가고 있으며 1) 농수식품부 지원 뉴웨이브 농업아카데미교육, 2) 국립농산물 품질관리원의 STAR FARM 지정으로 인한 소비자 교육 운용 프로그램, 3) 교보대산농촌문화재단에서 지원하는 가족캠프사업, 4) 농업 CEO 연합회서 지원하는 1박2일 도시소비자 초청체험사업 등의 사업이 이미 전국적인 공모로 지원이 확정되었으며 거기에 따르는 예산과 마을의 자부담으로 단계적 프로그램 제작과 프로그램에 필요한 소도구 및 장비를 구축할 계획임. 또한 권위 있는 기관과 공조하는 체험관광사업을 추진함으로써 언론의 각광을 받을 수 있어 일반체험관광객 유치에 유리한 장점이 있음.

• 십여 년을 연고도 없는 이곳에 와서 미래 지향적 농업의 6차 산업 및 농촌관광 사이트를 개발해보고자 많은 노력을 해왔고 지역 관광개발만이 지역을 살리는 일이라고 굳게 믿고 준비를 해왔습니다.

어설픈 사업계획서를 탐독하여 주셔서 대단히 감사합니다. 열심히 공부하는 자세로 경북도 야간관광의 과업을 세계적인 스토리텔링 관광명소로 달성시키겠습니다.

송광매원 서명선의

귀농 경영

초판 1쇄 발행 2010년 11월 29일
초판 2쇄 발행 2011년 6월 10일
지은이 서명선
펴낸이 김재현
펴낸곳 (주)지식공간

출판등록 2009년 10월 14일 제300-2009-126호
주소 서울 마포구 합정동 362-5 조현빌딩 2층
전화 02-734-0981
팩스 0303-0955-0981
메일 editor@jsgonggan.co.kr

ISBN 978-89-963482-6-9 03320

전 일본, 시리즈 누계 50만 부 돌파

매출 1조 5천억 (주)미스미 그룹 현직 CEO가
자신의 경험을 바탕으로 직접 쓴 비즈니스 소설

| 서른여섯, 침몰 직전의 회사에 올라타다 |

CEO 켄지

사에구사 다다시 지음 | 황미숙 옮김 | 336쪽

패배주의에 휩싸인 무기력한 직원들이 어떻게 '뜨거운 집단'으로 탈바꿈되었을까. 리더 켄지의 '차가운 전략적 기법'이 지닌 무한한 에너지에서 답을 찾아보자. 주인공 켄지는 부진에 빠진 자회사 도요아스트론의 CEO로 부임한 다음 날부터 다양한 경영 문제에 부딪힌다. 겉도는 업무 사이클, 부서 간의 소통 부재, 경쟁기업의 위협, 신제품 개발의 지연, 모회사의 인사 간섭, 골치 아픈 사내 역학관계까지……. 비즈니스 현장에서 발생하는 이러한 문제점을 해결하기 위해 필요한 전략 개념들이 실제 현장에서 어떻게 활용되고 행동으로 옮겨지는지 실감나게 묘사되어 있다.

- -

평사원으로 시작해 매출 8조 엔의 세븐&아이홀딩스를 일군
스즈키 도시후미의 성공 전략

스즈키 도시후미
1만 번의 도전

오가타 도모유키 편저 | 김정환 옮김 | 256쪽

"정상에 오르기 위해서는 우리를 아래로 잡아당기는 중력과 싸워 이겨야 한다."
일본에서 가장 영향력 있는 비즈니스 리더(니케이신문)에 선정된 스즈키 도시후미. 그가 '죽어라고 일하지만 늘 제자리를 맴도는 위기의 현대인에게' 제시하는 자기 혁신 방법이다. 이 책은 스즈키 도시후미가 자사 직원을 대상으로 30년간 매주 진행한 강의를 묶은 것으로 그는 또 하나의 스즈키 도시후미를 육성하기 위해 지금까지 1,300회 이상의 강의를 진행했다. 오늘날 아시아 1등 유통업체 세븐&아이홀딩스는 이 강의가 배출한 인재들에 의해 지탱되고 있다고 해도 과언이 아니다. 그는 이 책에서 '성공 기억 상실증에 걸릴 것을 요구하며 업무 혁신을 위한 그의 노하우를 전수한다.